Je comprends tout !

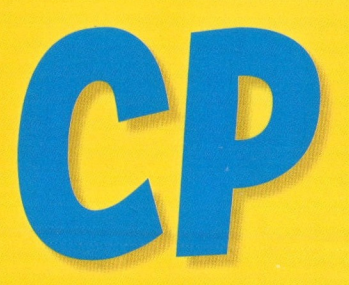

CP

Le Guide pour les parents

- Programme du CP
- Le CP de A à Z
- Dates-clés du CP
- Corrigés

Nathan

Avant-propos

Avec la réforme des programmes appliquée à la rentrée 2016, finie la vision annuelle de la scolarité ! Désormais, il est prévu de nouveaux cycles de trois ans. Après le cycle 1 – celui de l'école maternelle –, le **cycle 2**, ou le cycle des **apprentissages fondamentaux**, couvre la période **du CP au CE2**.

Il a été pensé pour permettre une cohérence et une durée suffisante pour un apprentissage exigeant et progressif. Autrement dit, si votre enfant n'a pas complètement maitrisé un élément en CP, il a encore deux ans pour revenir dessus. Les professeurs, eux aussi, peuvent prendre le temps de revenir sur les apprentissages non acquis d'une année sur l'autre. Objectif : prendre en compte le **rythme de chaque enfant**, **éviter les redoublements** et assoir un apprentissage en profondeur à la fin du cycle.

Le cycle 2 constitue aussi le début de l'apprentissage d'une **langue vivante** (étrangère ou régionale).

Les **nouveaux programmes** insistent fortement sur la pratique répétée de la **lecture** et de l'**écriture**, avec des **dictées quotidiennes**. En plus des dix heures consacrées au français, dix heures hebdomadaires sont réservées à des activités quotidiennes d'oral, de lecture et d'écriture. Sans oublier le retour de la récitation et du **calcul mental**.

Ils s'appuient sur un nouveau **socle commun de connaissances**, de compétences et de culture. Ce socle définit tout ce qu'un élève doit maitriser en France à la fin de sa scolarité obligatoire.

Il est organisé en cinq domaines :
1. les langages pour penser et communiquer,
2. les méthodes et outils pour apprendre,
3. la formation de la personne et du citoyen,
4. les systèmes naturels et les systèmes techniques,
5. les représentations du monde et l'activité humaine.

Le programme officiel du CP
CP, CE1, CE2 : cycle 2, cycle des apprentissages fondamentaux

Le programme de cycle présente « les principaux enjeux et objectifs de formation » à atteindre à l'issue des trois ans. Il précise toutefois, par discipline et parfois par classe, « des repères de progressivité », avec des compétences à acquérir. L'accent est mis sur la maitrise des langages, en particulier de la langue française, nécessaire pour faire des ponts avec les autres enseignements.

Français

Comprendre et s'exprimer à l'oral

Tout au long du cycle, les enfants maitrisent de mieux en mieux l'oral et acquièrent un langage de plus en plus élaboré.

En CP :

Après la maternelle, on constate que certains s'expriment aisément tandis que d'autres ont encore des difficultés à prendre la parole, même en petits groupes et sur des sujets proches d'eux.

En fin de cycle, l'enfant doit être capable de :
- Bien écouter le professeur et prendre la parole s'il ne comprend pas.
- Raconter et décrire seul un récit étudié en classe.
- Échanger avec ses camarades, donner son avis.

Lecture et compréhension de l'écrit

L'acquisition de la lecture et de l'écriture, activités intimement liées, s'effectue tout au long du cycle, en interaction avec les autres apprentissages.

En CP :

Les élèves s'entrainent à des activités d'écriture qui favorisent la mémorisation orthographique. La compréhension des textes est exercée comme en Grande section sur des textes lus par le professeur mais aussi sur d'autres textes simples.

En fin de cycle, l'enfant doit être capable de :
- Identifier des mots rapidement, qu'ils soient inconnus réguliers ou irréguliers mémorisés.
- Lire et comprendre de courts textes faciles.
- Après préparation, lire à voix haute avec fluidité un texte d'une demi-page, voire un dialogue.

Écriture

Les élèves acquièrent peu à peu les moyens d'une écriture relativement aisée.

En CP :

Les élèves écrivent fréquemment. Ils apprennent à maitriser des gestes d'écriture. La dictée est un bon moyen d'améliorer l'écriture.

En fin de cycle, l'enfant doit être capable de :
- Copier ou transcrire, dans une écriture lisible, un texte d'une dizaine de lignes en respectant ponctuation, orthographe et présentation.
- Rédiger un texte d'environ une demi-page, cohérent, organisé, ponctué.
- Améliorer l'orthographe.

Étude de la langue (grammaire, orthographe, lexique)

À travers la lecture et l'écriture, les élèves réfléchissent sur le fonctionnement de la langue.

| Programme CP | CP de A à Z | Dates-clés CP | Corrigés |

En CP :
Ils jouent avec le langage et les formes verbales, en s'attachant aux lettres muettes en fin de mots, en réfléchissant sur les mots (sens et forme), les régularités (marques d'accord, formes verbales).

En fin de cycle, l'enfant doit être capable de :
- Orthographier les mots les plus fréquents et les mots invariables mémorisés.
- Réaliser les accords dans le groupe nominal d'une part, entre le verbe et son sujet d'autre part.
- Utiliser ses connaissances sur la langue pour mieux s'exprimer à l'oral, mais aussi pour améliorer des textes écrits.

Mathématiques

Les élèves apprennent la résolution de problèmes en s'appuyant notamment sur les quatre opérations (addition, soustraction, multiplication, division). Ils rencontrent et mesurent des grandeurs, abordent l'étude de la géométrie.

Nombres et calculs

La connaissance des nombres entiers et du calcul est un objectif majeur du cycle 2.

En CP :
Les élèves étudient les relations numériques entre des nombres inférieurs à 10, puis à 20. Ils commencent à résoudre des problèmes additifs et soustractifs. Ils apprennent à poser les additions en colonnes avec des nombres de deux chiffres.

En fin de cycle, l'enfant doit être capable de :
- Comprendre et utiliser des nombres entiers pour dénombrer, ordonner, repérer, comparer.
- Nommer, lire, écrire, représenter des nombres entiers.
- Résoudre des problèmes en utilisant des nombres entiers et le calcul.
- Calculer avec des nombres entiers.

Grandeurs et mesures

À travers des activités de comparaison, ils apprennent à distinguer différents types de grandeurs et à utiliser le lexique approprié.

En CP :
Les élèves travaillent sur des grandeurs diverses en commençant par les comparer : la longueur (comparaison, double et moitié) et le prix (euros).

En fin de cycle, l'enfant doit être capable de :
- Comparer, estimer, mesurer des longueurs, des masses, des contenances, des durées.
- Utiliser le lexique, les unités, les instruments de mesures spécifiques de ces grandeurs.
- Résoudre des problèmes impliquant longueurs, masses, contenances, durées, prix.

Espace et géométrie

Les élèves acquièrent à la fois des connaissances spatiales comme l'orientation et le repérage dans l'espace et des connaissances géométriques sur les solides et sur les figures planes.

En CP :
La représentation des lieux et le codage des déplacements se situent dans la classe ou dans l'école, puis dans le quartier proche.
Les élèves observent et apprennent à reconnaitre, trier et nommer des solides variés.

En fin de cycle, l'enfant doit être capable de :
- (Se) repérer et (se) déplacer en utilisant des repères et des représentations.
- Reconnaitre, nommer, décrire, reproduire quelques solides et figures géométriques.
- Connaitre les notions d'alignement, d'angle droit, d'égalité de longueurs, de milieu, de symétrie.

Le programme officiel du CP

Langue vivante

L'apprentissage d'une langue vivante (étrangère ou régionale) commence dès le CP.

Comprendre l'oral

En CP :
Les élèves découvrent quelques mots ou expressions familières. Ils peuvent suivre le fil d'une histoire très courte adaptée à leur âge.

En fin de cycle, l'enfant doit être capable de :
Comprendre des mots familiers et des expressions très courantes au sujet de soi, de sa famille et de l'environnement concret et immédiat.

S'exprimer oralement, prendre part à une conversation

En CP :
Les élèves reproduisent un modèle oral simple extrait d'une comptine, d'un chant, d'une histoire pour se décrire (nom, âge). Ils répètent des dialogues.

En fin de cycle, l'enfant doit être capable de :
- Réciter, se décrire, lire ou raconter en s'appuyant sur un modèle.
- Poser des questions simples.

Questionner le monde

À l'aide d'expériences simples, les élèves découvrent la science et développent des manières de raisonner, d'agir. Ils reconnaissent des comportements favorables à la santé et commencent à s'approprier un environnement numérique. En fin de cycle, les élèves entrent dans la compréhension du temps long, donc de l'Histoire, et commencent à penser la planète, donc sa géographie.

Découvrir le monde du vivant, de la matière et des objets

En CP :
Les élèves découvrent les différents états de l'eau, quelques propriétés de l'air. Ils apprennent à reconnaitre le vivant, le développement des animaux et des végétaux. Ils observent des objets techniques et identifient leur fonction.

En fin de cycle, l'enfant doit être capable de :
- Identifier les trois états de la matière, les changements d'état de l'eau.
- Connaitre des caractéristiques du monde du vivant, son évolution, sa diversité.
- Comprendre le fonctionnement d'objets fabriqués, identifier les matériaux qui constituent divers objets.

Se situer dans l'espace

En CP :
L'élève apprend à se repérer dans son environnement proche, puis découvre progressivement les espaces plus lointains.

En fin de cycle, l'enfant doit être capable de :
- Se repérer dans l'espace et le représenter.
- Situer un lieu sur une carte, sur un globe ou sur un écran informatique.

Se situer dans le temps

En CP :
Les rythmes cycliques sont étudiés dès le CP en continuité du travail amorcé en classe maternelle.

En fin de cycle, l'enfant doit être capable de :
- Se repérer dans le temps et mesurer des durées.
- Repérer et situer quelques évènements dans un temps long.

Explorer les organisations du monde

Progressivement, les élèves développent des connaissances leur permettant de comprendre qu'ils font partie d'une société organisée et évolutive.

| Programme CP | CP de A à Z | Dates-clés CP | Corrigés |

En CP :
Les élèves observent et comparent leur mode de vie à celui de leurs parents et de leurs grands-parents, ils décrivent des milieux proches et plus lointains et variés.

En fin de cycle, l'enfant doit être capable de :
- Comparer quelques modes de vie des hommes et des femmes.
- Comprendre qu'un espace est organisé.
- Identifier des paysages.

Horaires hebdomadaires au CP

DISCIPLINES	NOMBRES D'HEURES
Français	10 h
Mathématiques	5 h
Langue vivante	1 h 30
Éducation physique et sportive	3 h
Arts plastiques et visuels, éducation musicale	2 h
Questionner le monde, enseignement moral et civique	2 h 30 (enseignement moral et civique : 1 h)
TOTAL	24 h

- **Le calcul mental** fait l'objet d'une pratique quotidienne d'au moins 15 minutes.
- **La lecture et l'écriture** : au moins 2 h 30, répartis dans les différentes disciplines de la journée.

Quelques repères sur la lecture

L'apprentissage de la lecture, une activité très complexe pour l'enfant

La lecture requiert à la fois des capacités (attention, mémoire), des savoirs (connaissance des lettres) et des savoir-faire (déchiffrer ou chercher le sens d'un mot à partir de son contexte). Les difficultés d'apprentissage de la lecture sont nombreuses. On distingue toutefois deux types de causes :

– **des causes biologiques**, liées à des problèmes sensoriels (vision, audition), à un retard mental, à des troubles du langage oral, de l'attention ou du comportement ;

– **des causes environnementales**, liées à des problèmes sociaux, familiaux et pédagogiques, des troubles du comportement ayant une influence sur l'apprentissage scolaire et notamment la lecture.

Les enfants dyslexiques, par exemple, rencontrent des difficultés dans la compréhension de l'oral parce qu'ils ont du mal à identifier des mots écrits. Ils représentent environ 20 % des lecteurs en difficulté. En empêchant l'identification des mots écrits, la dyslexie peut également engendrer des troubles dans d'autres fonctions que la lecture.

Pour autant, un pourcentage important d'enfants, entre 3 et 7 % environ, a encore des difficultés d'apprentissage de la lecture inattendues et inexpliquées.

Le programme du CP en 10 questions

1. Quels sont les enjeux du CP ?

Le CP appartient au cycle 2, le cycle des apprentissages fondamentaux. Ce cycle couvre le CP, le CE1 et le CE2. Ses enjeux essentiels sont l'apprentissage de la lecture, de l'écriture et de la langue française, la connaissance et la compréhension des nombres, de leur écriture chiffrée et le calcul sur de petites quantités.

2. Les méthodes d'enseignement sont-elles définies de manière officielle ?

Les méthodes d'enseignement peuvent être adaptées par chaque maitre ou maitresse, à partir du moment où sont respectés les objectifs et les contenus définis dans les nouveaux programmes 2016. Pas d'inquiétude donc si le professeur ne calque pas son cours de mathématiques sur celui de ses collègues !

3. Un enfant qui apprend à lire difficilement est-il forcément dyslexique ?

Non, pas nécessairement. Voir à ce sujet la page 5 « Quelques repères sur la lecture ». Avant d'établir un diagnostic, il convient d'étudier les retards rencontrés dans d'autres domaines que la lecture (troubles de l'attention, troubles de la coordination motrice, troubles visuels, causes environnementales), en collaboration avec l'enseignant, le psychologue scolaire et le médecin. N'hésitez pas à prendre rendez-vous avec eux, en cas de doute.

4. Mon enfant apprendra-t-il à lire au CP ?

On ne le répètera jamais assez : apprendre à lire exige du temps et chaque enfant s'y met à son rythme, selon son cadre familial et aussi l'organisation mise en place par l'enseignant dans sa classe. De plus, avec l'intégration du CE2 dans le cycle 2, les enfants ont trois années pour maitriser la lecture, voire plus, car lorsqu'ils arrivent au CP, ils sont déjà familiarisés avec l'apprentissage de la lecture en ayant, pour la plupart, acquis le principe alphabétique. Fini le débat sur les (meilleures) méthodes de lecture à employer ! Désormais, les enseignants sont laissés seuls juges pour utiliser les méthodes qui leur conviennent.

5. Les sciences et la technologie sont-elles enseignées au CP ?

Ces deux matières sont maintenant présentes dans le grand domaine « Questionner le monde ». On apprend aux élèves à être responsables face à l'environnement, au monde vivant, à la santé. Les élèves apprennent à se repérer dans l'espace et le temps, ils découvrent le monde du vivant, de la matière et des objets. Leurs connaissances et leurs compétences sont acquises dans le cadre d'une démarche d'investigation qui développe la curiosité, la créativité, l'esprit critique et l'intérêt pour le progrès scientifique et technique.

| Programme CP | CP de A à Z | Dates-clés CP | Corrigés |

6. À quoi ressemblent l'histoire et la géographie au CP ?

Ces deux matières sont également présentes dans le grand domaine « Questionner le monde ». Votre enfant commencera par étudier les rythmes cycliques grâce à des outils de représentation du temps (calendrier, frise...). Il sera aussi sensibilisé à l'évolution de quelques aspects des modes de vie à l'échelle de deux ou trois générations, aux interactions entre l'espace et les activités humaines et à la comparaison d'espaces géographiques simples. Le repérage des grandes périodes historiques et de l'espace géographique terrestre se travaille au CE2.

7. En mathématiques, les problèmes sont-ils au programme ?

Dès le CP, les élèves résolvent des problèmes mathématiques. L'objectif est de développer le gout de la recherche et du raisonnement. Votre enfant débutera par des additions et des soustractions. À la fin du cycle, il pourra résoudre des problèmes relevant des quatre opérations, de la proportionnalité, en faisant intervenir différents objets mathématiques : nombres, mesures, figures géométriques, schémas...

8. Mon enfant devra-t-il se servir d'instruments pour les mathématiques ?

Non, l'utilisation des instruments se fait graduellement. Au CP, votre enfant se servira d'une règle non graduée et d'outils de report de longueur sur une droite (par exemple, une bande de papier sur laquelle on peut écrire). Plus tard dans le cycle, il se servira d'une règle graduée, d'une équerre et d'un compas pour tracer des cercles.

9. L'apprentissage est-il axé sur la communication orale ?

Oui mais l'oral et l'écrit sont très liés. De ce fait, au cycle 2, l'apprentissage de la langue française s'exerce à l'oral, en lecture et en écriture. Dans tous les enseignements, les élèves apprennent que parler ou écrire, c'est à la fois traduire ce qu'on pense et respecter des règles. C'est aussi être libre sur le fond et contraint sur la forme. En ce qui concerne les langues vivantes, l'oreille du jeune enfant est « disponible » à toutes les sonorités. Entendre, parler, chanter, réciter des comptines sont une excellente façon d'aborder une nouvelle langue.

10. Les activités sportives sont-elles obligatoires ?

L'éducation physique et sportive fait partie intégrante des programmes scolaires. À raison de trois heures par semaine, elle permet aussi aux petits de bouger, tout en développant leur sens de l'effort. Cependant, si votre enfant a un état de santé incompatible avec la pratique de certaines activités physique, il peut être dispensé. Dans ce cas, vous devez fournir un certificat médical précisant le degré de l'inaptitude.

Notes ou pas notes ?

La question fait débat depuis des années mais elle n'a jamais été aussi présente qu'avec la réforme de l'école, notamment dans le primaire. Un rapport de l'Inspection générale relève que « dans certains départements, moins de 10 % des écoles ont recours aux notes chiffrées, alors que cela concerne jusqu'à 52 % des écoles dans d'autres départements ». Les enseignants auraient recours aux smileys, aux codes couleurs ou encore aux notations à l'anglo-saxonne, avec des lettres par exemple.

Le CP de A à Z
Toutes les matières du CP

Première classe du cycle des apprentissages fondamentaux, le CP marque le début de la grande école. Beaucoup de choses changent. Les enfants sont accueillis par un professeur, parfois même deux à mi-temps. Finis les ateliers dinette, peinture ou dessin, les enfants doivent rester assis à leur place, lever la main avant de prendre la parole… et surtout faire preuve d'attention. Au CP, votre enfant franchit une étape physiologique importante : tous ses sens ainsi que son développement cérébral sont parvenus à terme ou presque. Il est fin prêt pour (bien) travailler.

Français

Cap sur la lecture !

Dans un premier temps, votre enfant apprend des sons, des syllabes, des mots et des phrases courtes. Pour cet apprentissage, il doit avoir la structure mentale qui permet l'association de deux sons. Comprendre que « t » et « a » font « ta » demande une certaine maturité psychologique. De plus, l'environnement familial est tout aussi important que la structure intellectuelle de votre enfant. Si vous n'ouvrez jamais un livre, il fera comme vous. À un âge où les petits vous imitent beaucoup, à vous de montrer l'exemple ! Allez ensemble à la bibliothèque, empruntez des livres, lisez à haute voix, chacun votre tour, abonnez-le à une petite revue*. Mini-romans, magazines, poésies, recettes de cuisine, emballages alimentaires… quel que soit le type de lecture, offrez à votre enfant le plaisir de déchiffrer les mots et les phrases et de comprendre ce qu'il lit. Veillez également à respecter la méthode de lecture adoptée. Pour apprendre sereinement, votre enfant a besoin de sentir que vous êtes solidaire avec son maitre ou sa maitresse.

* De nombreuses maisons d'édition (Bayard, Milan…) proposent des petites revues hebdomadaires ou mensuelles adaptées à l'âge de leurs lecteurs et lectrices. Non seulement c'est une excellente initiation au plaisir de la lecture, mais, qui plus est, l'enfant éprouve une joie réelle à recevoir régulièrement ce petit courrier qui lui est destiné. Les Éditions Nathan proposent aussi une gamme de petites histoires qui constituent la bibliothèque idéale du jeune lecteur, et ce, avec différents niveaux d'autonomie : Gafi raconte, Premières lectures, Kimamila…

L'aider à bien écrire

Au CP, votre enfant apprend l'écriture en même temps que la lecture. Pour le familiariser avec l'écriture, utilisez dès que possible l'écrit dans la vie quotidienne. Ainsi, avant de faire vos courses, établissez la liste d'achats avec lui. Chacun écrit un mot « pour ne rien oublier ». Relisez-la tous les deux au supermarché. En revenant avec cette liste, vérifiez que vous n'avez rien oublié. Montrez-lui les mots qui figurent sur les emballages et retrouvez-en certains sur votre liste. Et si vous avez le temps, demandez à votre enfant de recopier une recette en écriture attachée et lisible pour l'envoyer à mamie et papi !

Maths

En avant le calcul !

Au CP, votre enfant va construire des tables d'addition jusqu'à 10, ajouter ou soustraire des unités ou des dizaines, poser une addition, calculer une retenue... Il va aussi apprendre à connaitre, dénombrer, comparer, écrire les nombres jusqu'à 100. Pour l'aider dans le calcul, sollicitez son attention et sa curiosité en lui demandant de temps en temps : « Je te donne 2 sucettes, comme tu en as déjà 4, cela t'en fait... ? » Enfin, pensez aux jeux de plateaux (avec des dés) ; rien de tel que le jeu de l'oie pour apprendre à compter : « 2 + 6 = 8, et c'est moi qui ai gagné ! ».

Enseignement moral et civique (EMC)

Prêt pour être un vrai citoyen

L'enseignement moral et civique vise à l'acquisition d'une conscience citoyenne. Cet enseignement articule des valeurs, des savoirs et des pratiques d'après la Déclaration des droits de l'homme, la Convention internationale des droits de l'enfant et la Constitution de la Ve République. Cela permet aux élèves de prendre conscience de leurs responsabilités dans leur vie personnelle et sociale. Par exemple, ils apprennent le respect des engagements envers soi et autrui et ils développent un comportement responsable vis-à-vis de l'environnement et de la santé. Ils doivent être capables de respecter les autres avec toutes leurs différences et d'accepter les règles de vie collective. Tout cet enseignement s'appuie sur l'ensemble des activités artistiques, sur l'enseignement du français et de l'éducation physique et sportive. Rester ouvert, tolérant, respectueux... c'est aussi ça pratiquer l'EMC au quotidien !

Zoom sur l'orthographe rectifiée

Le décret d'application sur l'orthographe rectifiée date du 6 décembre 1990. Il vise à simplifier l'orthographe d'un certain nombre de mots.
Quelques exemples :
• pour l'écriture des nombres, on place un trait d'union entre chaque mot : quinze-mille-quarante-huit ;
• l'accent circonflexe est supprimé, dans la plupart des cas, sur les voyelles « i » et « u » : maitre, gouter ;
• les traits d'union sont supprimés dans « portemonnaie », « weekend » ;
• des graphies sont simplifiées : « ognon », « nénufar ».
Les nouveaux programmes 2016 font plus fortement référence à la réforme de l'orthographe. Mais il faut savoir que les deux orthographes sont reconnues. Aussi, si vous continuez à écrire « week-end » avec un trait d'union, cela ne peut pas constituer une faute.
http://www.orthographe-recommandee.info

Le CP de A à Z
Conseils sur la vie scolaire

Ne dites pas... mais dites plutôt

« Au même âge que toi, ta sœur savait déjà lire », mais « Chacun son rythme ! Tous les deux, vous êtes formidables ! »

Apprenez-lui à faire attention à ses affaires

Qui ne connait pas la quantité de bonnets, gants... qui se perdent à l'école et ne sont jamais réclamés ! Les enseignants sont étonnés de constater que beaucoup d'écoliers oublient souvent leurs cahiers, leur trousse... De la même façon, ils sont désolés de voir que certains enfants rendent des cahiers non signés le lundi matin. Aider son enfant dans sa scolarité, c'est aussi lui apprendre à faire attention à ses affaires, c'est vérifier avec lui que son cartable est complet, ses crayons bien taillés, etc. Souvenez-vous du proverbe : « Les bons outils font les bons écoliers. » et expliquez à votre enfant que, pour bien travailler, il faut d'abord être soigneux. C'est une habitude qu'il doit prendre très tôt.

Bien utiliser le cahier de correspondance

C'est un outil de communication qu'il est préférable d'apprendre à connaitre, à consulter et à remplir dès le CP, car votre enfant en aura un à chaque année scolaire. Plus fréquemment appelé « carnet de liaison » au cours élémentaire, il sert à informer les familles sur la vie de l'école en général (cantine, étude, soutien, classe verte ou classe de neige, dates des vacances, manifestations ou réunions...), et sur la vie de la classe en particulier (absence du maitre ou de la maitresse, sorties...). De la même façon, si votre enfant est malade, s'il a oublié un livre ou un cahier, ou encore si vous souhaitez prendre rendez-vous avec le maitre ou la maitresse..., c'est à vous de le noter dans son carnet de correspondance. N'oubliez pas de rappeler à votre enfant qu'il doit le montrer à son enseignant. Consultez-le régulièrement, il n'est pas rare qu'au CP, les petits oublient de le sortir du cartable !

Rencontrez son maitre ou sa maitresse

Ne craignez pas de prendre l'initiative de rencontrer son enseignant, même si vous pensez qu'il s'agit d'un détail ou d'un problème mineur. L'enseignant doit être disponible et savoir en deux mots quel est le sujet de cette entrevue un peu à l'avance, afin de la préparer.

Parole d'instit'

Nathalie : « Si vous rencontrez le professeur de votre enfant, allez-y avec lui ; ainsi, il ne pensera pas qu'on dit du mal de lui derrière son dos. De plus, il sera présent pour donner son accord en cas de « contrat » passé entre l'enseignant, lui et vous : pas de télévision avant les leçons, par exemple... ».

| Programme CP | CP de A à Z | Dates-clés CP | Corrigés |

Quand le rencontrer ? À tout moment dans l'année : après les vacances de Noël, après le premier bulletin scolaire. Il pourra vous expliquer sa méthode de travail, et vous pourrez à votre tour lui parler de votre enfant, en particulier de ce qui vous tracasse : c'est le plus souvent au CP qu'on identifie les problèmes orthophoniques.

Prenez rendez-vous avec lui par l'intermédiaire du cahier de correspondance ; proposez-lui plusieurs possibilités, car il n'est pas toujours disponible. Si c'est l'enseignant qui demande à vous rencontrer, restez serein. Il veut sans doute valider avec vous la progression de votre enfant. Et s'il vous semble légèrement inquiet, dites-vous que cet enseignant a vraiment le désir d'aider votre enfant.

Mon enfant est malade, dois-je avertir l'école de son absence ?

Oui, téléphonez ou envoyez un mail dès la première demi-journée d'absence. N'oubliez pas de signaler s'il s'agit d'une maladie contagieuse. Préparez aussi un mot écrit indiquant le motif de son absence pour le jour où il retournera en classe.

VRAI / FAUX

L'apprentissage de la lecture ne se joue pas sur une année. **VRAI**

Même si le CP représente une année déterminante dans l'apprentissage de la lecture, les élèves ont maintenant jusqu'à la fin du CE2 pour consolider les compétences de base en lecture et en écriture et acquérir une première autonomie dans la lecture de textes variés, adaptés à leur âge. Restez confiant, chaque enfant a son propre rythme et tous finissent par lire !

Mon enfant n'aura pas de devoirs à la maison. **VRAI** et **FAUX**

Les devoirs écrits sont, en principe, interdits. Votre enfant aura toutefois des petites leçons à apprendre. Il est fréquent que le maitre ou la maitresse demande que votre enfant lise un peu chaque soir. Suivez ses progrès ; la lecture est un déclic. Une fois qu'il l'a eu, c'est magique !

Mon enfant va lire et écrire au minimum 2 h 30 par jour. **VRAI**

C'est vrai que les choses sérieuses ont commencé ! Globalement, une heure par jour est consacrée à l'apprentissage de la lecture ; il en va de même pour l'écriture. Une demi-heure au moins est réservée à la lecture et à la copie de quelques lignes, au cours de l'apprentissage des autres matières.

Mon enfant ne peut pas redoubler. **FAUX**

L'organisation en cycle de trois ans limite le redoublement à des cas exceptionnels. Un élève qui présente des difficultés en CP aura en effet encore deux ans pour approfondir ses connaissances. Lorsqu'un redoublement est néanmoins décidé (par le conseil des maitres) et afin d'en assurer l'efficacité pédagogique, un dispositif de soutien est mis en place. En principe, vous serez averti dès le mois de mars.

Les dates-clés du CP

Septembre

Le jour J de la rentrée scolaire est enfin arrivé. Votre enfant entre à la grande école ! Bientôt, vous participerez à la réunion de rentrée. Ne la manquez pas, car l'enseignant vous expliquera les enjeux de l'apprentissage de la lecture et l'évolution qui va s'opérer chez votre enfant. Il donnera également quelques premières indications sur sa perception de la classe.

Octobre • Novembre

Les élections des représentants de parents d'élèves ont lieu quelques semaines après la rentrée scolaire. Chaque parent est électeur et peut, ainsi, participer à la vie de l'école. Avez-vous reçu les informations concernant les différentes associations de parents d'élèves ? C'est aussi le moment où intervient la prise en charge des enfants en difficulté par le réseau d'aide (RASED), s'il existe dans l'école. Les congés de la Toussaint arrivent enfin et, pour certaines écoles, le premier bulletin.

Décembre

Bientôt Noël, les vacances, les cadeaux ! C'est aussi le mois du premier ou du deuxième bulletin.
Ne vous inquiétez pas s'il n'est pas excellent, votre enfant a encore le temps de se mettre à niveau. Il est peut-être fatigué : faites en sorte que ses vacances soient reposantes.

Janvier

Votre enfant sait-il déjà lire ? Peut-être commence-t-il à déchiffrer quelques mots sur les panneaux publicitaires ou les emballages alimentaires… La lecture va s'installer peu à peu dans sa vie quotidienne. Emmenez-le le plus souvent possible à la bibliothèque et continuez à lui lire des histoires. Votre enfant semble-t-il avoir trouvé son rythme de croisière ? Se sent-il bien en groupe ? À cette époque de l'année, les choses s'accélèrent…

Comment aider votre enfant à surmonter ses problèmes ?

Plusieurs possibilités : demandez au maître ou à la maitresse les aides dont peut bénéficier votre enfant. On vous aiguillera certainement sur des réseaux d'aide scolaire (RASED). Votre enfant rencontre des problèmes dans une matière (français ou maths) ? N'hésitez pas à lui acheter des cahiers d'accompagnement scolaire*. Ils proposent une approche différente qui peut parfois aider à débloquer des situations. Les problèmes sont plutôt d'ordre comportemental ? On vous conseillera sans doute de prendre rendez-vous avec le psychologue scolaire.

* « Je comprends tout », Français, Maths et Anglais du CP au CM2, Nathan.

| Programme CP | CP de A à Z | Dates-clés CP | Corrigés |

Février • Mars

En cas de problème, il est temps de vérifier les difficultés que votre enfant peut rencontrer et adopter les bons comportements pour l'aider à les surmonter (voir encadré ci-dessous). C'est aussi la période pour rencontrer son maître ou sa maitresse et faire un point avec lui ou elle sur sa scolarité. En mars, le deuxième trimestre s'achève avec un autre bulletin.

Avril • Mai

La dernière ligne droite de votre enfant est maintenant entamée. Encouragez-le en le motivant, car la fatigue commence à se faire sentir : pas de relâchement, c'est encore trop tôt… « Qu'est-ce que tu lis bien maintenant ! Et bravo pour l'écriture ! On écrit à mamie ? »

Juin

L'école est bientôt finie. Content mais aussi un peu triste de quitter ses amis, votre enfant vous invite à la fête de fin d'année… Partagez ce moment fort avec lui. C'est la date idéale pour lui acheter un cahier de vacances*. Révisions au choix : un peu tous les jours ou quelques semaines avant la prochaine rentrée, à vous de voir en fonction de vos projets. Une chose est sure : profitez bien en famille de ces congés !

* « Nathan vacances », du CP au CM2, Nathan.

À lire, à consulter…

- Hélène Bise et Corinne Goodman, *J'aide mon enfant à réussir à l'école*, Odile Jacob, 2004.
- Stéphanie Crescent, *Tous intelligents ! Aider son enfant à l'école*, Odile Jacob, 2014.
- Dominique Deconinck, *Le Bonheur à l'école, journal d'une institutrice*, Le livre de poche, 2014.
- Isabelle Deman, *100 idées pour aider les élèves en difficulté à l'école primaire*, Tom Pousse, 2015.
- Patrick Plisson, *Sur les chemins de l'école*, 2013 (DVD).
- www.education.gouv.fr
- www.eduscol.education.fr
- www.nathan.fr

Corrigés

Français

Leçon 1 • Page 7

1. un l**i**vre, la pend**u**le, une f**i**lle, le b**u**reau
2. Je n'entends pas (i) dans : maîtresse, dessin, ardoise.
   Je n'entends pas (u) dans : un, jeudi, cour.
3. des billes, la mule, une pile, il rit

EXO JEU le menu, du riz

Leçon 2 • Page 9

1. Entourer : le lavabo, le robinet, le seau, le bateau.
2. la p(eau), un carr(eau), le p(o)t, ch(au)d, une m(o)t(o), j(au)ne, un rid(eau), r(o)se, l'(eau)
3. une épaule, une auto, un cadeau

EXO JEU un escargot

Leçon 3 • Page 11

1. Le son (a) : magicien, balai, bague, dragon.
   Le son (oi) : étoile, doigt, oiseau, poisson.
2. un r**oi**, une r**a**dio, un pi**a**no, un p**oi**reau, un mir**oi**r
3. un ami/un camarade ; la glace/le miroir ; une foire/un marché ; voir/regarder

EXO JEU « Il était une (fois) un (roi) qui (habitait) dans un (manoir), loin, au fond des (bois). »

Leçon 4 • Page 13

1. (m)a(m)an, déce(m)bre, (m)ardi, to(m)ate, no(m).
   Recopier : maman, mardi, tomate.
2. (n)ote, lu(n)di, ba(n)a(n)e, (n)atte, mama(n).
   Recopier : note, banane, natte.
3. ordinateur, pomme, banane, domino

EXO JEU **Me**lon, sard**i**nes à la to**m**ate, ana**n**as à la gelée de **m**ures.

Leçon 5 • Page 15

1. mouche ☒ ☐   hibou ☐ ☒   tambour ☐ ☒   poule ☒ ☐
2. melon ☐ ☒   pompe ☐ ☒   onze ☒ ☐   dragon ☐ ☒
3. co—ris / mou—chon / sou—ton (co-chon, mou-ton, sou-ris)

EXO JEU Rag**ou**t à ma faç**on**. Allumer le f**ou**r. C**ou**per le c**on**combre et le potir**on**. Verser dans un chaudr**on** avec le c**ou** d'un dind**on**. Servir avec du jamb**on**.

Leçon 6 • Page 17

1. l : la boule, le dompteur, le loup
   r : le tigre, le crocodile, le lapin
2. J'entends (r) : cirque, perle, rire, tourterelle.
   J'entends (l) : étoile, perle, lama, tourterelle.
   Recopier : perle, tourterelle.

EXO JEU Le lion roule sur son ballon.

Leçon 7 • Page 19

1. p∅   p∅   ∅b   p∅
   une poule, un poisson, des bulles, un pont
2. Barrer : ballon et pomme.
3. Barrer : balai, pois, beurre, boues, pain, peignoir.
4. un bouton, une poire, un bateau, une épaule, une boite, un puma.

EXO JEU Le chat botté a mal aux **pattes**. Il a perdu ses **bottes** et son **chapeau** s'est envolé.

Leçon 8 • Page 21

1. Son (d) : radeau, douche, dauphin, drapeau.
   Son (t) : château, râteau, bateau.
2. J'entends (d) : sardine, domino, chaude, sandales.
   J'entends (t) : pirate, chatte.
3. un cadeau, le gâteau, le râteau, un radeau

EXO JEU thé, pédale

Leçon 9 • Page 23

Dessin page 22 : colorier la fusée, les étoiles, la fée, le collier.

1. é → école ;
   er → jouer
   es → des ;
   ez → nez
2. Entourer : une fée, une école, nager, la poupée
3. Pour le gouter, la fée a préparé un pâté.

EXO JEU a. 4 ; b. 1 ; c. 2 ; d. 3

Leçon 10 • Page 25

1. è → père ; ê → bête ; ai → balai ;
   ei → peine ; et → poulet ; e → perché
2. **mai**(son), tê(te), (pou)**let**, (ba)**lei**(ne)
3. Je vais à la fête de Noël. J'ai mis un gilet violet.

Corrigés

m	è	r	e	b	c	s	u
o	f	ê	t	e	x	e	v
c	b	k	m	q	p	i	é
h	i	g	e	a	b	z	l
a	w	s	r	j	k	e	o
i	m	a	n	è	g	e	t
s	l	d	m	a	i	r	e
e	k	t	r	è	s	p	y

manège

Leçon 11 • Page 27

Dessin page 26 : colorier en rouge le garçon et en bleu la fille.

1. zébu ⊠ □   maison □ ⊠   chaise □ ⊠   gazon □ ⊠
2. serpent ⊠ □   glaçon □ ⊠   cigale ⊠ □   chasseur □ ⊠
3. Entourer : poissons, citron, lance, chien.
4. Les singes font le bazar dans leur cage.

EXO JEU Le bison a de longs **poils**. Il a quatre **pattes** et deux **cornes**.

Leçon 12 • Page 29

1. rouge : MATIN, matin, *matin*, *matin*, *matin*, *matin*
   bleu : *maman*, *maman*, MAMAN, *maman*
2. Son (in) : lutin, bain, un, teinture
   Son (an) : chanter, pente, entourer
3. Entourer : main, tente, gant, lampe

EXO JEU Le petit lutin chante. → Le petit lutin est bien dans son bain.
Le petit lutin a fait de la peinture. → Le petit lutin n'est pas propre.

Leçon 13 • Page 31

Dessin page 30 : guitare.

1. en vert : accordéon, clé, canon, brique, kimono
   en bleu : gomme, guitare, baguettes
2. maracas, guitare, bague, gouter
3. Entourer : découvrir, grand
4. Souligner a. et c.

EXO JEU musique, cigale

Leçon 14 • Page 33

1. faux, vrai, vrai, faux

2. **f**ou, le**v**er, **v**raiment, **f**atigué, **v**ite, **f**âcher
3. fer, vrai, faux, verre

EXO JEU voleurs/laveurs, dans/vers, trouvent/couvent, vus/fous, bois/fois

Leçon 15 • Page 35

1. Barrer : fermier, veau, lent
2. a. et c.

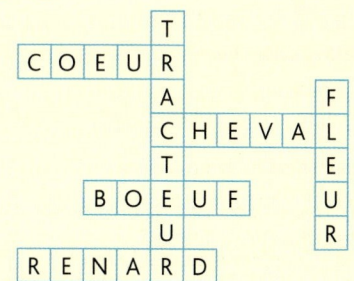

EXO JEU

```
        T
C O E U R
        A         F
        C H E V A L
        T         E
    B O E U F     U
        U         R
    R E N A R D
```

Leçon 16 • Page 37

Dessin page 36 : le garçon a raison.

1. Intrus du son (ch) : piège, cour, racine
   Intrus du son (j) : vache, bague, pêche
2. « **Je** me suis **écorché** le **genou** dans la cour », dit Julien. « Si tu n'avais pas **chahuté**, tu ne serais pas tombé » réplique la **charmante** Charlotte.
3. un géant, une chanteuse, un journal, une poche ; une chance, un gage, un jardin, une chenille
4. pigeon, neige, gorge, rouge.

EXO JEU un chaton, une chemise, un chinois
un genou, un jouet, une jupe

Leçon 17 • Page 39

1. Entourer tous les mots et recopier : boxe, toxique, fixer.
2. Entourer : kiwi, wapiti, wagon, watt.
   Recopier : kiwi, wapiti, watt.
3. horizontal : kiwi, poux ; vertical : wagon, taxi

EXO JEU 2, 4, 1, 3

Leçon 18 • Page 41

Dessin page 40 : montagne, soleil, champignon, paille.

1. en rouge : champignon, montagnes
   en vert : grenouille, yaourt, billet
2. Animaux : abeille, papillon, grillon, cygne.
   Aliments : champignon, yaourt, beignet, lasagnes.
3. mon~~bi~~tagne, che~~ca~~nille, pa~~po~~pillon, ~~cha~~gagner

EXO JEU montagne, paille, soleil.

15

Leçon 19 • Page 43

1. ⟨eil⟩ : oreille ; ⟨ail⟩ : épouvantail, caille ;
   ⟨euil⟩ : cerfeuil ; ⟨ouil⟩ : mouiller, rouille
2. portail, citrouille, fauteuil
3. file, pilote, moule

EXO JEU un travail, de la paille ; un soleil, une corbeille ; un chevreuil, une feuille

Leçon 20 • Page 45

1. chien, peinture, avion, bain
2. tient, pion, triangle
3. ⟨ien⟩ : bien, tien ; ⟨ian⟩ : pliant ; ⟨ion⟩ : lion, pion

EXO JEU indien, copain, panier, avion

Leçon 21 • Page 47

1. a. Petit Magnon apprend à faire du feu.
   b. Gros Magnon chasse le mammouth avec sa lance.
2. a. en os de diplodocus b. Lucie Magnon c. grille
3. a. un chien b. un chat c. un oiseau

EXO JEU a. Comment est le silex ? b. Que chassent les Magnon ? c. Que fait Mona Magnon ?

Leçon 22 • Page 49

1. soucoupe, s'envole, maillot, dans, poissons, vacances
2. Proposition de réponse : Finalement, c'est **Splouk** qui l'a retrouvé. Il était caché près de la **fontaine à bonbons**. Splak est **soulagée**...

EXO JEU 1. années 2. ami 3. fête 4. bougies 5. ouvre 6. boulons 7. fusée 8. téléportation

Leçon 23 • Page 51

1. a. foires/poires b. épilées/effilées c. cousins/raisins
2. a. la tête b. les oreilles c. les narines
3. a. potin b. potiron

EXO JEU a. rue Tabaga. b. non
c.

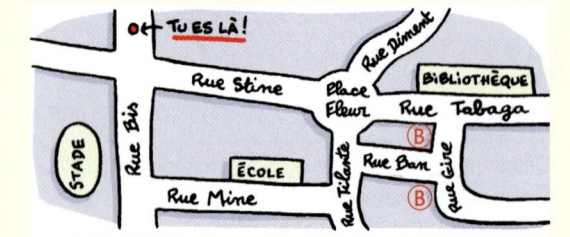

Leçon 24 • Page 53

1. un dragon

2. Le ch**â**teau **f**ort du **pr**ince est très grand : il **y** a **au** moins vingt chambres.
3. Le **r**oi cherche **s**on petit prince, c'est l'heure d'a**ll**er au **l**it.

EXO JEU armure, bouclier, casque, cheval, épée.

Leçon 25 • Page 55

Dessin page 54 : **fruits** : banane, pomme, raisin ; **légumes** : carotte, chou.
1. montre – lampe – casserole.
2. véhicules : vélo, bus ; animaux : lapin, souris.
3. chaussures : bottes, chaussons, sabot ;
   chapeaux : casquette, sombrero, bonnet ;
   manteaux : veste, anorak, blouson ;
   jeux : dominos, petits chevaux, dames.

EXO JEU animaux : chien, lion, biche ;
arbres : sapin, chêne, marronnier.

Leçon 26 • Page 57

Dessin page 56 : en rouge : danser, écrire, finir ; en bleu : vache, poulain ; en vert : joyeux, grande.
1. Nom : cheval, cavalière, poney ; Verbe : trotte, galope ; Adjectif : courageuse, doux.
2. le foin délicieux, les chevaux sauvages, la jument blanche, les éperons pointus, la cravache longue, les bottes noires.
3. Ma, elle ; Mon, il ; Les, ils ; elles.

EXO JEU Nom : poulain, feuilles ; Verbe : mange ; Adjectif : gourmand, délicieuses.

Leçon 27 • Page 59

Dessin page 58 : la fille a raison (4 mots féminins : la poussette, la corde, la maison, la poupée ; 3 mots masculins : le camion, le robot, le train).
1. Masculin : le potager, joli, un garage, un épi. Féminin : une cour, la mare, jolie, une niche.
2. une jolie fleur, le petit chou, la belle plante, l'énorme arbre
3. a. Le, gentil, la. b. Le, vieux, une. c. la, méchante, un.
   d. Le, vilain, une. e. la, douce, le.

EXO JEU a. la brebis b. le lapin c. la lapine d. le cochon e. la jument f. le coq

Leçon 28 • Page 61

Dessin page 60 : des longue**s** robe**s** qui tourne**nt** et des perle**s**.
1. Singulier (S) : cerceau, acrobate, balançoire, magicien, bon jongleur, baguette
   Pluriel (P) : petites balles, hautes tours, cordes, cartes.
2. Voici enfin le numéro avec **les petites puces**

16

Corrigés

savantes. Elles font **des sauts** incroyables. Elles s'élancent même sur **des trapèzes géants**.
3️⃣ Le **clown** joue de la trompette. Les chevaux **blancs** dansent sur la piste. Les **lions** arrivent. Les spectateurs **crient**, sauvez-vous vite !

EXO JEU Le cirque et les artistes arriv**ent**. Il y a les excellent**s** musicien**s** et les fantastique**s** acrobates. Le clown jongle, les animau**x** arrivent, les enfants s'amusent, ils cri**ent**. **c.** 4.

Leçon 29 • Page 63

1️⃣ être : suis, sommes, êtes, sont ; avoir : ai, as.
2️⃣ Je suis content. Les danseuses sont contentes. Vous êtes contents. Le surfeur a chaud. La joueuse de tennis est contente. Les joueurs de football ont chaud.
3️⃣ Le stade **est** presque plein. La championne de saut en hauteur **a** l'air en forme. Nous **avons** des costauds. Nous **sommes** vraiment contents de voir tous ces sportifs.

EXO JEU être : **b.** suis, sommes, est ; avoir : **b.** a, ai, avons.

Leçon 30 • Page 65

1️⃣ **a.** Julie aime lire.
b. Elle adore les histoires de princesses.

2️⃣ **a.** Le dragon garde le château.
b. Le prince arrive sur son cheval.
c. La princesse est prisonnière.
3️⃣ **a.** Le prince ne combat pas le dragon.
b. La princesse et le prince ne se sauvent pas sur le cheval.

EXO JEU Par exemple : Le prince chevauche son cheval gris.

BILANS

Les sons (1) • page 66
1. a. 2. a. 3. b. 4. b. 5. c. 6. a. 7. c. 8. b. 9. a. 10. a.

Les sons (2) • page 67
1. b. 2. a. 3. b. 4. b. 5. c. 6. a. 7. a. 8. c. 9. b. 10. c.

Lecture/Expression écrite • page 68
1. a. 2. c. 3. a. faux ; b. vrai. 4. c. 5. b. et c. 6. b. 7. b.

Vocabulaire/Grammaire/Orthographe • page 70
1. b. 2. c. 3. c. 4. a. 5. b. 6. b. 7. c. 8. a. 9. b. 10. b.

Mathématiques

Leçon 1 • page 73

1️⃣ **a.** 3. **b.** 4. **c.** 6.
2️⃣ 5, cinq, – 6, six, – 8, huit, – 9, neuf,
3️⃣ Il faut ajouter 2 canards, barrer 1 bulle, ajouter 3 savons, barrer 1 gant, ajouter 1 brosse à dents, ajouter 1 flacon.

EXO JEU 4 – (5) – 6 – 7 – (8) – 9

Leçon 2 • page 75

1️⃣ Oui, il y a autant de cartables que de casquettes.
2️⃣ **b.** et **d.** (5 feutres)
3️⃣ Il faut dessiner au moins 7 billes. 7 > 6
4️⃣ 6 < 8   3 > 1

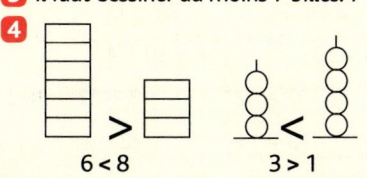

EXO JEU sac rose : 4 – sac bleu : 3 – sac vert : 5

Leçon 3 • page 77

Dessin page 76 : dinosaure.
1️⃣ Fleur « 8 » : ajouter 3 pétales. Fleur « 6 » : ajouter 3 pétales. Fleur « 7 » : ajouter 2 pétales.
2️⃣ 9 + 0 ; 5 + 4 ; 4 + 5 ; 7 + 2 ; 8 + 1 ; 6 + 3 ; 2 + 7
3️⃣ Bulle 2 : 2 + 0 ; 0 + 2 ; 1 + 1
Bulle 3 : 3 + 0 ; 0 + 3 ; 1 + 2 ; 2 + 1
Bulle 4 : 4 + 0 ; 0 + 4 ; 1 + 3 ; 3 + 1 ; 2 + 2
4️⃣ 2 + 1 = 3 ; 2 + 2 < 5 ; 3 + 2 < 6
4 + 4 < 4 + 5 ; 6 + 1 = 3 + 4 ; 7 + 1 = 4 + 4

EXO JEU 6 + 1 ; 2 + 5 ; 3 + 4

Leçon 4 • page 79

Dessin page 78 : 13 enfants.
1️⃣ 10 + 10 + 4 = 24 feutres. 10 + 2 = 12 gommes. 10 + 10 + 10 = 30 pinceaux.
2️⃣ Il y a 2 paquets de 10 cahiers et 2 cahiers qui restent = 22 cahiers.
3️⃣ 12 ballons et 21 ballons (attention à la place des chiffres).

EXO JEU Zoé → 10 + 10 + 1 = 21 € (livre)
Léon → 10 + 10 + 1 + 1 = 23 € (CD)
Léa → 10 + 10 + 10 + 1 = 31 € (robot)

Leçon 5 • page 81

Dessin page 80 : 10 = 1 d 0 u ; 11 = 1 d 1 u ;
12 = 1 d 2 u ; 13 = 1 d 3 u ; 14 = 1 d 4 u ;
15 = 1 d 5 u ; 16 = 1 d 6 u ; 17 = 1 d 7 u ;
18 = 1 d 8 u ; 19 = 1 d 9 u.

1 12 – 13 – 15 – 17 – 18

2

13	9 + 9	1 d et 3 u	dix-sept	10 + 3
8 + 9	treize	17	1 d et 8 u	8 + 10
1 d et 7 u	18	dix-huit	6 + 7	7 + 10

3 12 € = 1 billet de 10 € + 2 pièces de 1 €
18 € = 1 billet de 10 € + 8 pièces de 1 €
16 € = 1 billet de 10 € + 6 pièces de 1 €

3 8 < 11   12 < 18   14 > 13   17 > 9
10 + 5 > 12   10 + 6 > 10 + 2   10 + 5 < 10 + 9

EXO JEU Tom : 12 points ; Léa : 15 points ;
Léo : 16 points ; Anna : 14 points. Léo a gagné.

Leçon 6 • page 83

Dessin page 82 : le garçon a gagné avec 42.

1 21 = vingt-et-un = 20 + 1
38 = trente-huit = 30 + 8
46 = quarante-six = 40 + 6
52 = cinquante-deux = 50 + 2

2 21 – 22 – 23   29 – 30 – 31   34 – 35 – 36
48 – 49 – 50   57 – 58 – 59   53 – 54 – 55

3

45	4 d et 5 u	10 + 10 + 10 + 10 + 5
22	2 d et 2 u	10 + 10 + 2

4 39 €

EXO JEU

53	21	57	32	40	41	4	11	54	55
27	38	23	39	39	42	43	35	53	22
28	29	43	20	38	40	44	51	52	10
44	30	33	34	37	46	45	50	36	59
52	31	32	35	36	47	48	49	57	8

Leçon 7 • page 85

Dessin page 84 : le cadeau « 66 ».

1 82 : quatre-vingt-deux   quatre-vingt-sept : 87
76 : soixante-seize   soixante-sept : 67
67 : soixante-sept   quatre-vingt-treize : 93
92 : quatre-vingt-douze   soixante-dix-sept : 77

2

5	16		34		52	69			84
		23	37	43		72			98
8		25		48	59			86	

3 60 < 69 < 70   70 < 73 < 80   80 < 88 < 90

4

78	72	96	99
60 + 18	60 + 12	80 + 16	80 + 19
70 + 8	70 + 2	90 + 6	90 + 9

5 a. 62. b. 78.

EXO JEU 76.

Leçon 8 • page 87

1 Dessiner 9 perles → 1 + **9** = 10
Dessiner 6 perles → **4** + **6** = 10
Dessiner 2 perles → **8** + **2** = 10
Dessiner 5 perles → **5** + **5** = 10
Dessiner 7 perles → **3** + **7** = 10

2 2 →(+5)→ 7 →(+2)→ 9 →(+1)→ 10 →(+4)→ 14 →(+6)→ 20

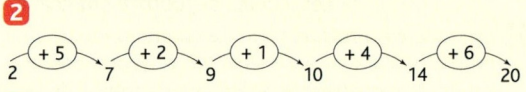

3 Thomas avait 8 billes et en a gagné 4.
Il en a donc : 8 + 4 = 12 billes.

4

	cantine	étude	total
filles	10	6	16
garçons	11	13	24
total des élèves	21	19	40

EXO JEU 14

Leçon 9 • page 89

Dessin page 88 : Le garçon a raison.

1 a. 52. b. 59. c. 76.

2 30 + 3 + 10 + 40 + 5
40 + 40 + 8
80 + 8 = 88

3 + 4 + 6 + 8 + 2
3 + 10 + 10 = 23

3 a. Le double de 4 est 8 (4 + 4). Clara a gagné 8 peluches. b. Théo et Clara rapporteront 12 peluches :
4 + 8 = 12.

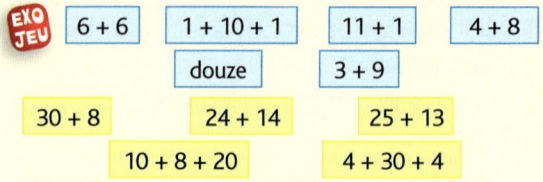

EXO JEU

6 + 6	1 + 10 + 1	11 + 1	4 + 8
	douze	3 + 9	

30 + 8	24 + 14	25 + 13
	10 + 8 + 20	4 + 30 + 4
18 + 6	12 + 12	3 + 21
10 + 10 + 4	10 + 14	22 + 2
20 + 4	23 + 1	24 + 0

Le nombre gagnant est : 16.

Corrigés

Leçon 10 • page 91

Dessin page 90 : 46 + 28

1 62 + 24 = 86 ; 60 + 35 = 95 ; 26 + 42 = 68 ; 49 + 50 = 99

2

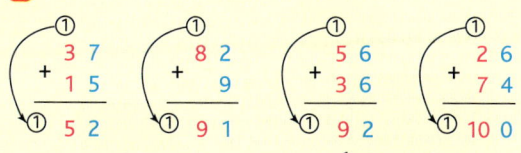

```
   ①              ①              ①              ①
   3 7            8 2            5 6            2 6
 + 1 5          +   9          + 3 6          + 7 4
 ① 5 2          ① 9 1          ① 9 2          ① 10 0
```

3
```
       1
   3 8              4 9
 + 1 1            + 1 2
   4 9              6 1
```
Adam a 49 images.   Oscar a 61 images.

EXO JEU

	1	2	3	4	5
A	4	1	■	9	8
B	5	■	6	2	■
C	■	2	4	■	7
D	3	3	■	5	5
E	6	■	4	8	■

Leçon 11 • page 93

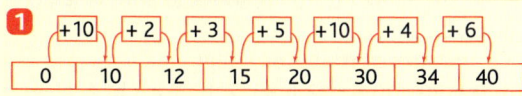

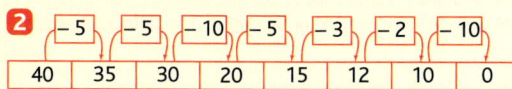

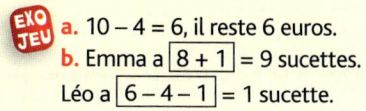

1 +10, +2, +3, +5, +10, +4, +6
0 — 10 — 12 — 15 — 20 — 30 — 34 — 40

2 −5, −5, −10, −5, −3, −2, −10
40 — 35 — 30 — 20 — 15 — 12 — 10 — 0

3 5 + **5** = 10 ; 8 + **2** = 10 ; 10 + **10** + 8 = 28

4 a. 8 − 4 = 4, il reste 4 bonbons.

EXO JEU
a. 10 − 4 = 6, il reste 6 euros.
b. Emma a ⟦8 + 1⟧ = 9 sucettes.
Léo a ⟦6 − 4 − 1⟧ = 1 sucette.

Leçon 12 • page 95

1 Réponse possible :

J'arrive à l'école. — Je rentre à la maison. — Je dine.
7h — 9h — 12h 13h 14h — 16h — 18h — 20h — 21h
7h30 8h30 — 11h30 13h30 — 16h30 — 20h30 21h30
Je me lève. — Je déjeune. — Je me couche.

2

EXO JEU 9 h, 11 h 30, 13 h 30 (ou 1 h 30), 19 h (ou 7 h).

Leçon 13 • page 97

Dessin page 96 : colorier l'arbre tout à droite et le garçon aux cheveux noirs à droite.

1 d. en bleu ; e. en vert

2 Corde A : 4 cm. Corde C : 2 cm. Corde D : 5 cm.
La corde B est la plus longue : 6 cm.

EXO JEU
a. A = 4 cm ; B = 5 cm ; C = 8 cm
b. A = 6 cm ; B = 5 cm ; C = 2 cm
c. La bille C a parcouru la distance la plus longue, la bille A la plus courte.

Leçon 14 • page 99

Dessin page 98 : oui, elle a raison, il a 12 €.

1 Les pièces de 3 €, de 4 € et de 20 € n'existent pas. Les billets de 2 € et de 6 € n'existent pas non plus !

2 a. et c.

3 Baguette → 1 €
vélo → 100 €
ballon → 10 €
journal → 2 €
jeu vidéo → 30 €
pantalon → 15 €

EXO JEU Les étiquettes qui intéressent Zelda sont celles de 12 € et 5 €. Elle va dépenser : 12 € + 5 € = 17 €.

Leçon 15 • page 101

Dessin page 100 :

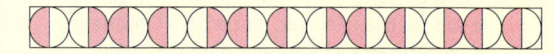

1 a.   b.

c.   d.

2

EXO JEU

Leçon 16 • page 103

Dessin page 102 : Oui, le garçon a coulé le bateau.

1

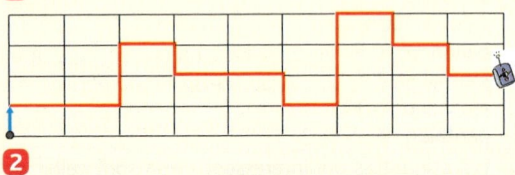

2

EXO JEU **a.** bibliothèque : (D, 2) (E, 2) ;
stade : (A, 3) (A, 4) ; point rouge : (A, 1)
b. (E, 2) : rue Tabaga ; (D, 1) : rue Diment ;
(B, 4) : rue Mine et rue Bis

Leçon 17 • page 105

Dessin page 104 :

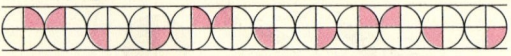

1 Il y a 2 cercles, 2 carrés, 6 triangles et 2 rectangles. La boite contenant les formes du chat est la **c.**

2 **a.** Je suis un carré avec un rectangle à l'intérieur.
b. Je suis un triangle avec un cercle à l'intérieur.
c. Je suis un carré à l'intérieur d'un rectangle.

EXO JEU ABCD est un rectangle. EFG est un triangle. HIJK est un carré.

Leçon 18 • page 107

1

2 Domino ➜ pavé ; rouleau de papier ➜ cylindre, ballon ➜ boule ; chapeau ➜ cône ; dé ➜ cube.

EXO JEU 9.

BILANS

Nombres • page 108
Pour les questions 1 à 3, compter 0,5 point par réponse.
1. 32 ; 54 ; 77 ; 98. **2.** a. 74 ; b. 12 ; c. 85 ; d. 48.
3. a. 62 ; b. 72 ; c. 38 ; d. 93. **4.** c. **5.** 57. **6.** c. **7.** c.

Calculs • page 110
1. a. 89 ; b. 82 ; c. 70 ; d. 97. **2.** c. **3.** b. **4.** a. ; b.
5. c. ; b.

Grandeurs et mesures • page 112
1. 9 h 30 ; 10 h ; 12 h 30. **2.** b. **3.** c. ; b. **4.** a. les planches 4 et 5. ; b. la planche 2. c. Elle mesurera 2 cm ; **5.** c. ; b.

Espace et géométrie • page 114
1.

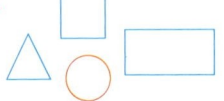

2. A et C : rectangles. B et E : carrés. D : triangle. F : cercle
3. a. (I, 3) ; b. (G, 1) ; c. (C, 2)
4. a. ➜ 3 ; b. ➜ 4 ; c. ➜ 1 ; d. ➜ 2.

Histoire

Leçon 1 • page 117

1 **1.** Je me lève. **2.** Je déjeune à la cantine. **3.** Je goute à la maison. **4.** Je me couche.

2 vert : jusqu'à 12 heures ; orange : de 12 à 13 heures ; bleu : de 13 à 17 heures ; jaune : de 17 à 20 heures.

3

hier	aujourd'hui	demain
dimanche	lundi	**mardi**
mercredi	jeudi	vendredi
mardi	**mercredi**	**jeudi**
vendredi	samedi	dimanche
jeudi	vendredi	**samedi**

EXO JEU a. Vrai ; b. Faux ; c. Faux ; d. Vrai.

Corrigés

Leçon 2 • page 119

1. 1er dessin : hiver ; 2e dessin : printemps ; 3e dessin : été ; 4e dessin : automne.
2. a. Faux ; b. Vrai ; c. Faux ; d. Vrai.
3. a. janvier ; b. avril ; c. décembre ; d. septembre ; e. juillet.
4. le 14 juillet ; Noël ; le 11 novembre ; le 1er mai.

EXO JEU Réponse possible : Je suis né(e) au mois d'octobre, en automne.

Leçon 3 • page 121

1. a. 2. ; b. 3. ; c. 4. ; d. 1.
2. 1er dessin : œuf ; 2e dessin : poussin ; 3e dessin : poulet ; 4e dessin : coq.

EXO JEU Réponse possible : Je suis plus âgée que Gaspard (mon petit frère). Hélène (ma cousine) est plus jeune que moi. Georges (mon papi) est une personne du troisième âge.

Leçon 4 • page 123

1. Réponse possible :
   mes grands-parents : Anne, Jean-Pierre / Michèle, Philippe ;
   mes parents : Claire, Frédéric
   moi : Alexandre
2. en vert : c., d., e. ; en bleu : a., b., f.
3. a. Impossible ; b. Possible ; c. Impossible ; d. Possible.

EXO JEU a. Vrai ; b. Faux ; c. Vrai ; d. Faux.

Ens. moral et civique

Leçon 1 • page 125

1.

2.

	En classe	Dans la cour
Parler fort		×
Jouer à chat		×
Lever le doigt	×	
Jouer au ballon		×
Avoir son cahier	×	

3. b. ; d.

EXO JEU Réponses possibles : il faut ranger sa chambre, aider à mettre le couvert, desservir la table...

Leçon 2 • page 127

1. la crotte (de chien) ; la bouteille cassée ; la canette ; le mégot de cigarette ; le pneu.
2. b. ; c. ; e.
3. **Poubelle jaune** : brique de lait ; boite d'œufs ; **Poubelle verte** : peau de banane, trognon de pomme ; **Poubelle blanche** : bouteille, pot de confiture.

EXO JEU Réponses possibles : jeter les déchets dans les poubelles et non par terre ; ne pas arracher de brindilles aux arbres ou arbustes ; ne pas détruire les fourmilières...

Géographie

Leçon 1 • page 129

1. a. 2 ; b. 4 ; c. 1 ; d. 3.
2. a. Faux ; b. Faux ; c. Faux ; d. Vrai.
3. métro ; théâtre ; grands immeubles ; chemin ; vaches ; ferme ; champs

EXO JEU Réponses possibles : Moi, je vis à la campagne, dans un village, à la lisière d'une forêt, dans une grande (petite) ville, au bord de la mer, à la montagne...

Leçon 2 • page 131

1. 1re photo – B ; 2e photo – A.
2. a. rue Léon ; b. la poste ; c. oui.

EXO JEU

Leçon 3 • page 133

1. 1re photo : froid, igloo, glace ; 2e photo : chaud, humide, jungle ; 3e photo : chaud, sable.

2

On y trouve	désert	forêt tropicale	banquise
Des pingouins			×
des boas		×	
des scorpions	×		
des ours polaires			×
des perroquets		×	

3 Il n'y a pas de plantes sur la banquise, parce qu'il fait trop froid.

EXO JEU a. le chameau ; b. le bébé phoque ; c. l'Amazonie.

Sciences

Leçon 1 • page 135

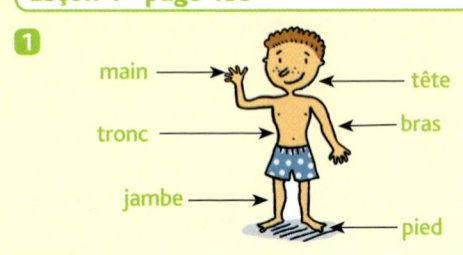

1 main, tête, tronc, bras, jambe, pied

2 3. a. ; 2. b. ; 1. c.
3 2. a. ; 3. b. ; 1. c.
EXO JEU a. – c. – d. – e. – g.

Leçon 2 • page 137

1 en rouge : vache, ver de terre ; en vert : fleur, arbre ; en bleu : bébé.
2 Vivant : un chien, une pomme, un champignon ; Non-vivant : une voiture, du feu, une pierre.
3

grandit	×		×	
se nourrit	×		×	
se reproduit	×		×	
meurt	×		×	

EXO JEU Exemple de réponse : un poisson ; une voiture.

Leçon 3 • page 139

1 1, 3, 2.
2 a. Faux ; b. Vrai ; c. Faux ; d. Vrai.
3 b. De l'œuf sort une chenille. (1) ; a. Le chenille s'enferme dans une chrysalide. (2) ; c. La chenille s'est transformée en papillon. (3)

EXO JEU Exemple de réponse :

Leçon 4 • page 141

1 a. Pour avoir de la vapeur, je fais chauffer l'eau.
b. Pour avoir de la glace, je fais geler l'eau.
c. Pour avoir de l'eau liquide, je fais fondre la glace.
2 a. glace ; b. vapeur ; c. glace ; d. liquide ; e. liquide.
3

EXO JEU a. Vrai. b. Faux. c. Vrai. d. Faux. e. Faux.

Leçon 5 • page 143

1

2 1 ; 3 ; 4.
3 a. Vrai ; b. Vrai ; c. Faux ; d. Vrai.
4 interrupteur, lampe, pile, boitier

EXO JEU Exemple de réponse : une lampe ; un stylo.

Corrigés

Anglais

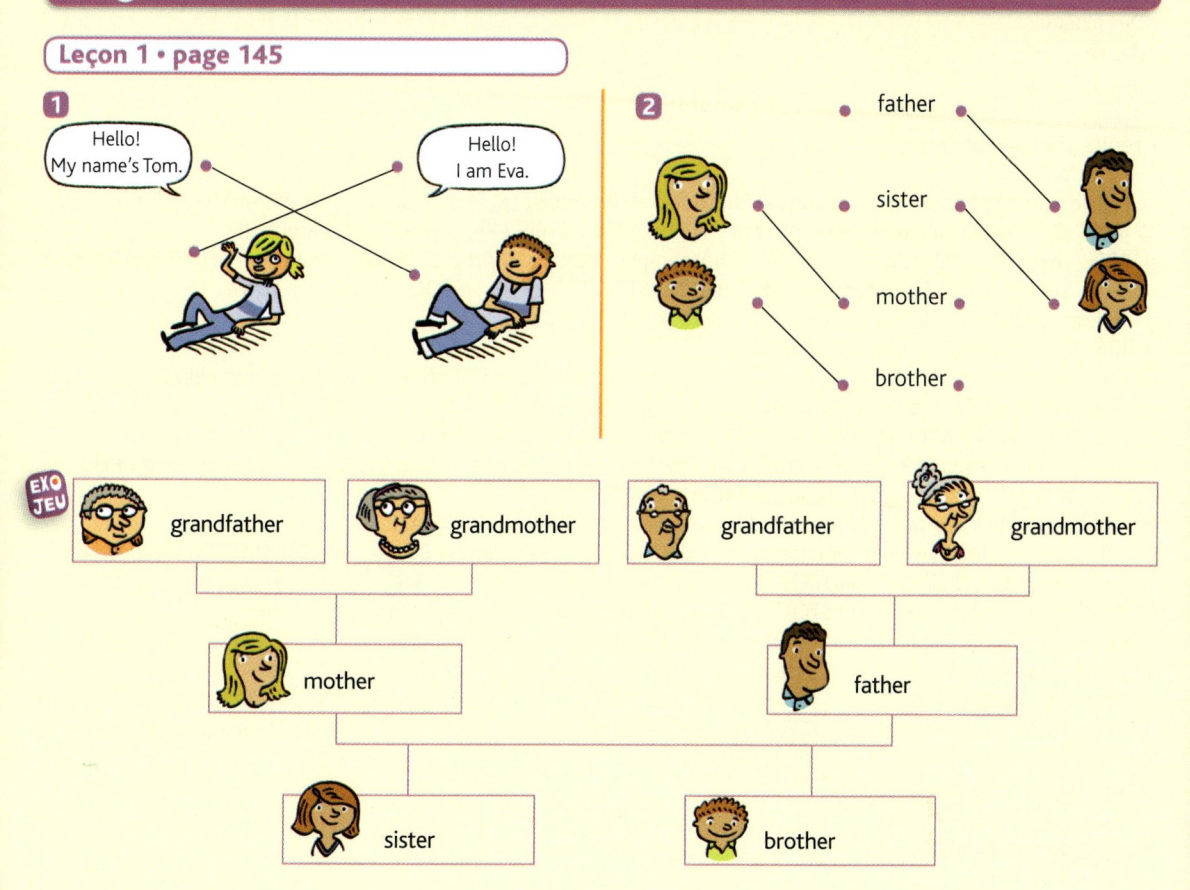

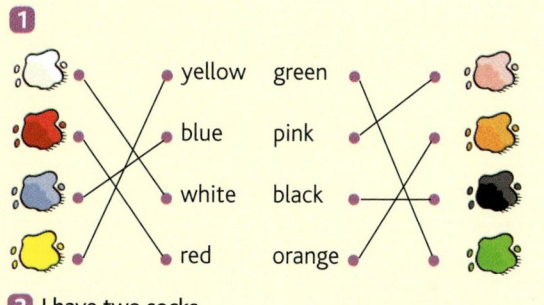

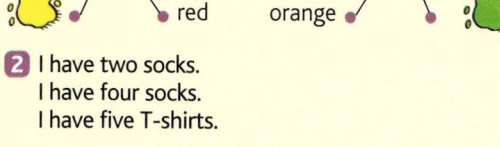

Leçon 1 • page 145

1
- Hello! My name's Tom.
- Hello! I am Eva.

2
father — sister — mother — brother

grandfather — grandmother — grandfather — grandmother
mother — father
sister — brother

Leçon 2 • page 147

1
yellow, blue, white, red, green, pink, black, orange

2
I have two socks.
I have four socks.
I have five T-shirts.

Crédits photographiques
Livre enfant :
p. 120 de gauche à droite : © C. Sebbon ; © Photodisc ; © Photodisc ; © Photodisc ; © TiplyashinAnatoly/Shutterstock ; © Joel Calheiros/Shutterstock ; © Photodisc ; © Photodisc ; © BIS / Ph. Coll. Archives Larbor-DR
p. 123 : SHUTTERSTOCK/© Studio DMM Photography, Designs & Art ; ISTOCK/© Pasticcio ; SHUTTERSTOCK/© Arkady ; SHUTTERSTOCK/© Aaron Amat ; SHUTTERSTOCK/© gjfoto ; ISTOCK/© Shauwn Lowe
p. 124 de gauche à droite : © Zurijeta/Shutterstock ; © Photodisc
p. 126 : © Gettyimages / Taxi / Geoff Du Feu
p. 128 de gauche à droite : © NataliaBelotelova/Shutterstock ; ©Lizard/Shutterstock ; © DanielPrudek/Shutterstock ; © Stefan Ataman/Shutterstock ; © Danierl Prudek/Shutterstock
p. 131 de gauche à droite : © Sonneville / ARCHIVES NATHAN ; © Photodisc
p. 132 de gauche à droite : © Leagam/Shutterstock ; © HPP / Jacana / Delphine Aures ; © Anton Prado PHOTO/Shutterstock ; © Getty / Digital Vision ; © DR
p. 133 de gauche à droite : © Photodisc ; © Photodisc ; © ARCHIVES NATHAN
p. 136 : GETTY IMAGES/© Michel Tcherevkoff ; SHUTTERSTOCK/© Simon Booth ; SHUTTERSTOCK/© smereka
p. 137 : de gauche à droite : SHUTTERSTOCK/ © Eric Isselee ; Mother & Baby Picture Library/ Bsip ; Noun/Bios ; Picsfive/Shutterstock ; SHUTTERSTOCK/© Pan Xunbin ; Detlef Gwinner/ Fotolia.com ; SHUTTERSTOCK/© Alex Staroseltsev ; Thiriet Claudius/Phone/ Bios ; SHUTTERSTOCK/© Andresr
p. 138 : © Kazakova Maryia / Shutterstock.com
p. 139 : de gauche à droite : SHUTTERSTOCK/© JIANG HONGYAN ; SHUTTERSTOCK/© JIANG HONGYAN SHUTTERSTOCK/© Madlen ; SHUTTERSTOCK/© PhotonCatcher ; BIOSPHOTO / Pascal Goetgheluck ; Heuclin Daniel / BIOS ; © Reece with a C / Shutterstock.com
p. 142 : © riat / Shutterstock.com

Guide pour les parents :
p. 3 : © Photodisc
p. 5 : © Getty / Digital Vision
p. 6 : © Photodisc
p. 8 : © Getty / Digital Vision
p. 9 : © Photodisc
p. 10 : © Getty / Digital Vision
p. 11 : © Getty / Digital Vision
P. 22 : © Reece with a C / Shutterstock.com

Création couverture : Véronique Lefebvre, Olivier Caldéron
Création maquette ouvrage : Véronique Lefebvre
Coordination graphique : Katy Fleury
Illustrations : Camille Ladousse, Laurent Audouin
Typographie cursive : Paul-Luc Médard
Recherche iconographique : Gaëlle Mary
Cartographie : AFDEC
Coordination éditoriale : Mông-Thu Valakoon
Édition : Isabelle Lecharny
Composition : Linéale Production

N° éditeur : 10232258 – Linéale – janvier 2017
Achevé d'imprimer en France par Loire Offset Titoulet

Je comprends tout !

CP

**Le Guide qui vous donne
les clés de la réussite de votre enfant**

Dans la collection *Je comprends tout !*

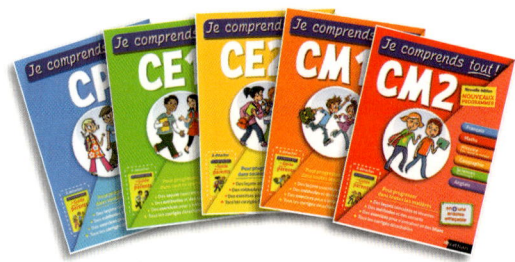

**Des ouvrages
pour réviser
toutes les matières
en un seul volume**

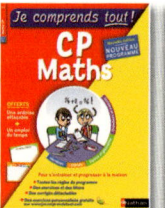

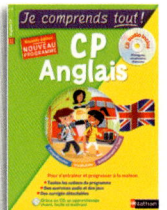

**Des cahiers pour s'entrainer
en français, en maths et en anglais**

Nathan

Je comprends tout !

CP

Ce livre appartient à :

Prénom : Georgie

Nom : Gollicutt

Collection dirigée par :
Isabelle Petit-Jean
PROFESSEURE DES ÉCOLES

Ouvrage rédigé par :
Valérie Boileau
PROFESSEURE SPÉCIALISÉE DES ÉCOLES

Jean-Marc Boonen
PROFESSEUR DES ÉCOLES

Isabelle Petit-Jean
PROFESSEURE DES ÉCOLES

Micheline Cazes Witta
PROFESSEURE D'ANGLAIS

Marian Hollings
RÉDACTRICE DE PRESSE ANGLOPHONE

Guide pour les parents :
Safia Amor
JOURNALISTE SPÉCIALISÉE

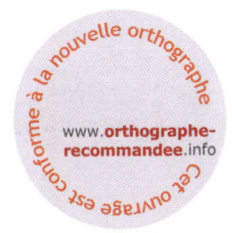

conforme à la nouvelle orthographe
www.orthographe-recommandee.info
Cet ouvrage est conforme

Le papier de cet ouvrage est composé de fibres naturelles, renouvelables, fabriquées à partir de bois provenant de forêts gérées de manière responsable.

NATHAN

Mode d'emploi

Cet ouvrage de référence a été conçu et rédigé par une équipe d'enseignants. Conforme au programme officiel, il contient tout ce qui est nécessaire à votre enfant pour réussir son CP.

Les leçons

Chaque leçon est abordée sur une double page. Cette organisation fournit des repères clairs et invite à respecter une démarche méthodique : d'abord comprendre et revoir une notion (page de gauche) puis s'entrainer (page de droite).

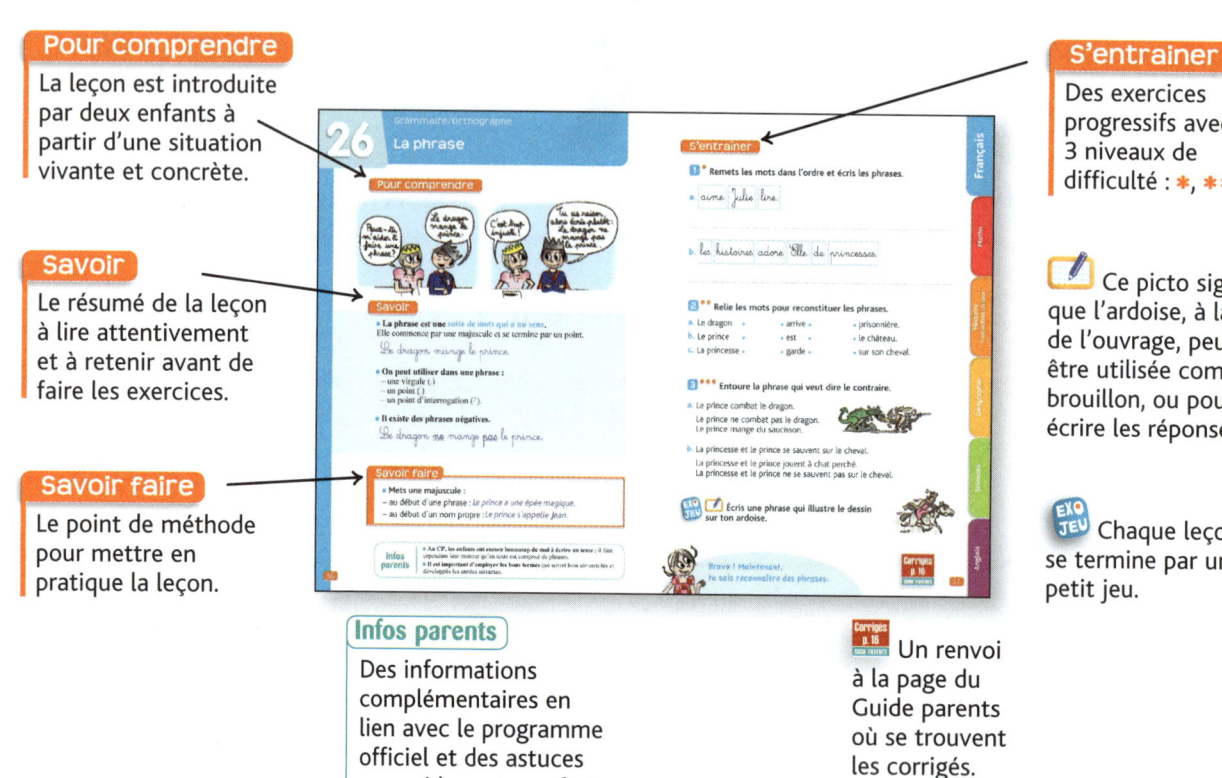

Pour comprendre
La leçon est introduite par deux enfants à partir d'une situation vivante et concrète.

Savoir
Le résumé de la leçon à lire attentivement et à retenir avant de faire les exercices.

Savoir faire
Le point de méthode pour mettre en pratique la leçon.

Infos parents
Des informations complémentaires en lien avec le programme officiel et des astuces pour aider votre enfant.

S'entrainer
Des exercices progressifs avec 3 niveaux de difficulté : *, **, ***.

Ce picto signale que l'ardoise, à la fin de l'ouvrage, peut être utilisée comme brouillon, ou pour écrire les réponses.

Chaque leçon se termine par un petit jeu.

Un renvoi à la page du Guide parents où se trouvent les corrigés.

Les bilans

Des bilans en français et en maths permettent de vérifier l'acquisition des connaissances tout au long de l'année. Ils sont placés en fin de matière.

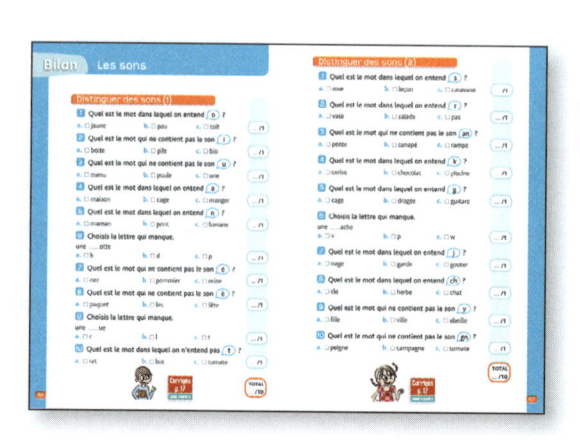

Les bilans sont notés.

© Nathan 2016, ISBN : 978-209-189463-8

Les plus...

L'ardoise effaçable

L'**ardoise effaçable** recto verso peut être détachée. Elle présente un double usage :

- elle peut être utilisée comme une feuille de brouillon pour la préparation des exercices ;
- elle permet à l'enfant de réaliser certains exercices sans qu'il soit nécessaire d'avoir recours à une feuille à part.

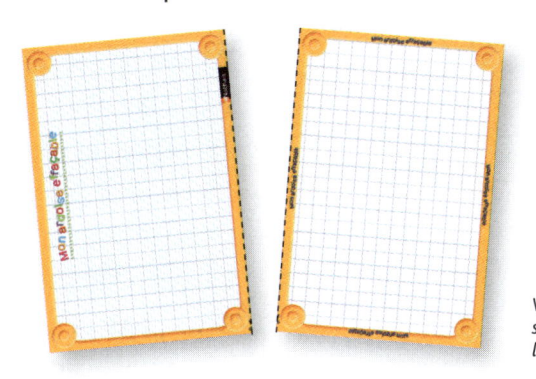

Vous pouvez détacher l'ardoise si vous le souhaitez en suivant les pointillés.

Le mémento effaçable

Un **mémento effaçable** est proposé à la suite de l'ardoise. L'enfant peut réviser autant de fois qu'il le souhaite les fondamentaux du programme : l'écriture des lettres minuscules et majuscules, les tables d'addition. Ces pages peuvent être utilisées avec n'importe quel **feutre effaçable**.

L'enfant complète, efface, recommence autant de fois qu'il le souhaite.

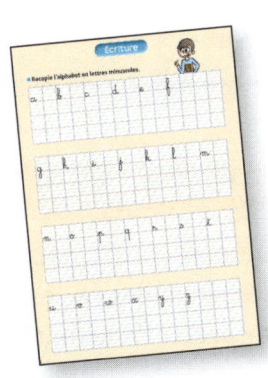

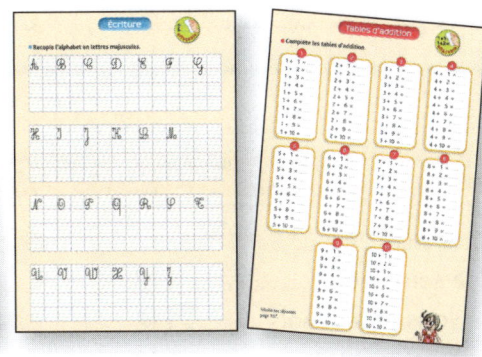

Le corrigé du mémento se trouve à la page 157 du livre.

Le Guide parents

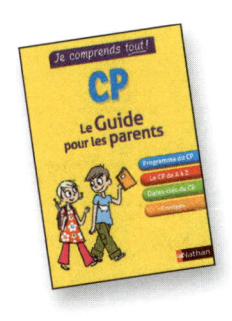

Un guide pour vous, parents

Grâce au guide détachable, vous aurez une vision complète de la scolarité de votre enfant. Vous y trouverez :

– le programme officiel du CP expliqué et commenté
– des réponses à vos questions, matière par matière
– des informations et des conseils sur la scolarité
– les dates-clés du CP
– les corrigés des exercices et des bilans

Sommaire

Français

Lecture / Écriture
1. Les sons (i) et (u) 6
2. Le son (o) 8
3. Les sons (a) et (oi) 10
4. Les sons (m) et (n) 12
5. Les sons (ou) et (on) 14
6. Les sons (r) et (l) 16
7. Les sons (p) et (b) 18
8. Les sons (d) et (t) 20
9. Le son (é) 22
10. Le son (è) 24
11. Les sons (s) et (z) 26
12. Les sons (in) et (an) 28
13. Les sons (k) et (g) 30
14. Les sons (v) et (f) 32
15. Les sons (e) et (eu) 34
16. Les sons (ch) et (j) 36
17. Les lettres (x) et (w) 38
18. Les sons (gn) et (y) 40
19. Les sons (eil), (ail), (euil) et (ouil) 42
20. Les sons (ian), (ion), (ien) 44
21. Lire et écrire des phrases 46
22. Lire et écrire des histoires 48
23. Lire des documents 50

Vocabulaire
24. Lettres et ordre alphabétique 52
25. Les mots étiquettes 54

Grammaire / Orthographe
26. Les classes de mots 56
27. Le masculin et le féminin 58
28. Le singulier et le pluriel 60
29. Les verbes *être* et *avoir* au présent 62
30. La phrase 64

Bilan Les sons 66
Bilan Lecture / Expression écrite 68
Bilan Vocabulaire / Grammaire / Orthographe 70

Histoire - Enseignement moral et civique

Histoire • Questionner le temps
1. La journée et la semaine 116
2. L'année, les saisons et les mois 118
3. Le temps qui passe 120
4. Des époques différentes 122

Enseignement moral et civique
1. Respecter des règles 124
2. Respecter l'environnement 126

Géographie

Questionner l'espace
1. Connaitre son environnement 128
2. Le plan et la carte 130
3. Des milieux lointains 132

Mathématiques

Nombres
1. Lire et écrire jusqu'à 10 72
2. Comparer des nombres et des collections 74
3. Décomposer les nombres jusqu'à 10 76
4. Grouper par 10 78
5. Connaitre les nombres de 10 à 19 80
6. Connaitre les nombres de 20 à 59 82
7. Connaitre les nombres de 60 à 99 84

Calculs
8. Utiliser l'addition 86
9. Additionner 88
10. Poser une addition 90
11. La soustraction 92

Grandeurs et mesures
12. Lire l'heure 94
13. Mesurer et comparer les longueurs 96
14. Les euros 98

Espace et géométrie
15. Se repérer dans l'espace 100
16. Se repérer sur un quadrillage 102
17. Reconnaitre et tracer des figures 104
18. Les solides 106

Bilan Nombres 108
Bilan Calculs 110
Bilan Grandeurs et mesures 112
Bilan Espace et géométrie 114

Sciences

Questionner le monde du vivant, de la matière et des objets
1. Connaitre son corps 134
2. Le vivant et le non-vivant 136
3. Le développement des animaux et des végétaux 138
4. L'eau et l'air 140
5. Les appareils électriques 142

Anglais
1. Se présenter, la famille 144
2. Posséder, les couleurs, les nombres 146

Annexes
1. Abécédaire 149
2. Sons 153
3. Nombres 155
4. Tables d'addition 157
5. Monnaie – Les euros 159

Tous les corrigés
GUIDE PARENTS

1 Les sons

Les sons i et u

Pour comprendre

Turlututu chapeau pointu !
t-rl-t-t- chapeau point_ !

Complète avec « u » ou « i ».

Tirlititi chapeau pointi !
t-rl-t-t- chapeau point_ !

Savoir

- **J'entends i**
  un tap**i**s

  i   i

  un st**y**lo

  y   y

- **J'entends u**
  une tort**u**e

  u   u

Savoir faire

- Le son **i** s'écrit de deux façons : **i** et **y**.
- Le son **u** s'écrit d'une seule façon : **u**.
- Continue comme sur le modèle :   i   y   u

  i   y

  u

Attention ! Dans **ai, oi, ei**, on voit **i**, mais on ne l'entend pas.
Dans **au, ou, eu, eau**, on voit **u**, mais on ne l'entend pas.

Infos parents

- **Lorsqu'on apprend à lire,** on commence toujours par la **reconnaissance des sons voyelles simples (a, i, u, o, e)** : ces sons sont ceux qui se repèrent le mieux (visuellement et auditivement). Plus tard, ils permettront la combinatoire avec les sons consonnes simples (pa/ta/te, tou/pie).

S'entrainer

1 * ✏️ Complète les mots par *i* ou *u* et recopie-les sur ton ardoise.

un l...vre   la pend...le   une f...lle   le b...reau

2 ** Barre les intrus dans chaque liste.

J'entends **i**

mardi
~~stylo~~
maitresse
billes
dessin
ami
ardoise

J'entends **u**

menu
un
lecture
jeudi
mur
calcul
cour

3 *** Entoure le mot qui va avec le dessin.

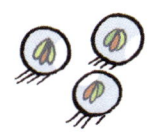

des billes / **des bulles**

mille / **la mule**

un pull / **une pile**

il rit / il rue

EXO JEU Colorie le mot qui convient.

La fille lit le menu / le mini.

La souris mange du riz / du rue.

Bravo ! Maintenant, tu sais lire et écrire les sons *i* et *u*.

2 Les sons

Le son [o]

Pour comprendre

Allô ?

dring dring ! *À l'eau ?*

Savoir

• J'entends [o]

un lavabo   jaune   un seau

| o o | au au | eau eau |

Savoir faire

• Le son [o] s'écrit de trois façons : **o, au, eau**.
• Continue comme sur le modèle : o au eau

o
au
eau

Attention ! Dans **on, ou, oi, œu**, on voit **o**, mais on ne l'entend pas.

Infos parents
• Ce son [o] pose le problème des correspondances entre les sons et les lettres. **Un son ne correspond pas toujours à une seule lettre** ; il est souvent la combinaison de plusieurs lettres.

S'entrainer

1 * Entoure le dessin quand tu entends le son (o).

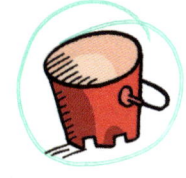

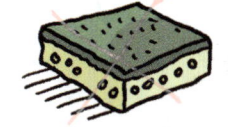

2 ** Entoure les lettres qui font le son (o).

la peau — un carreau — un miroir — le pot — chaud — une moto
le cou — jaune — un rideau — rose — l'eau — du savon

3 *** 📝 Écris chaque mot sous son dessin et recopie-les sur ton ardoise.

un cadeau – une auto – une épaule

une épaule   une auto   un cadeau

EXO JEU Colorie toutes les écritures de (o) et retrouve qui se cache dans le dessin.

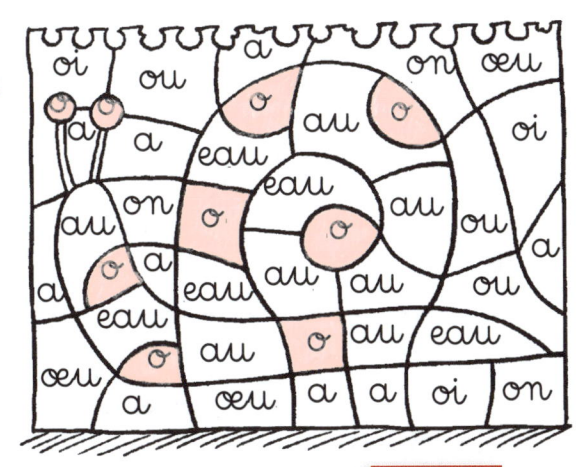

Bravo ! Maintenant, tu sais lire et écrire le son (o).

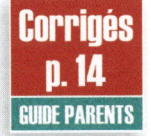

Corrigés p. 14
GUIDE PARENTS

3 Les sons a et oi

Les sons

Pour comprendre

C'est ma balle ! C'est ma balle !

Non c'est à moi ! c'est à moi !

Savoir

- **J'entends a**

un **a**n**a**n**a**s

a a

- **J'entends oi**

un r**oi**

oi oi

Attention ! Tu peux aussi rencontrer **à**, **â**.

Savoir faire

- Continue comme sur le modèle : *a*

a

Attention ! Dans **ai**, **an**, **au**, on voit **a**, mais on ne l'entend pas.

- Continue comme sur le modèle : *oi*

oi

Infos parents

- **Le graphisme permet à l'enfant de s'exercer à écrire avec un geste continu et dans un espace réduit.** Veillez à ce que votre enfant tienne son stylo entre le pouce, l'index et le majeur. Avant d'écrire, il doit bien **observer le modèle à reproduire** et se laisser guider par les flèches.
- **Attention à la confusion possible des sons** oi et ai car leur graphisme est presque similaire.

S'entrainer

1 * Entoure les dessins en rouge quand tu entends le son (a) et en bleu quand tu entends le son (oi).

2 ** Complète les mots avec a ou bien oi et recopie-les sur ton ardoise.

un r......   une r..a..dio   un pi....no

un p.....reau   un mir...i..r

3 *** Relie les mots qui veulent dire la même chose.

un ami • • un marché
la glace • • regarder
une foire • • un camarade
voir • • le miroir

EXO JEU Lis avec tes parents ce début d'histoire, puis entoure les mots en rouge quand tu entends le son (a) et en bleu quand tu entends le son (oi).

« Il était une fois, un roi qui habitait dans un manoir, loin, au fond des bois. »

Bravo ! Maintenant, tu sais lire et écrire les sons (a) et (oi).

Corrigés p. 14
GUIDE PARENTS

11

4 — Les sons

Les sons m et n

Pour comprendre

> C'est très joli, tu as rempli le tableau avec des lignes de n et de m !

> Oui mais là, j'arrête. Parce qu'avec toutes ces vagues, j'ai un peu mal au cœur !

Savoir

• J'entends **m**

une **m**oto

une po**mm**e

| m | mm |

• J'entends **n**

un **n**id

une ca**nn**e

| n | nn |

Savoir faire

• Continue comme sur le modèle : n m

n

m

une minute

Attention ! Ne confonds pas : **m** a trois pattes et **n** a deux pattes.

Infos parents

• **La lecture ne se réduit pas à une opération de déchiffrage**, c'est aussi un **travail de compréhension** permettant de donner du sens à ce que l'on lit.

• **Pour aider votre enfant, vous pouvez commencer par lui faire lire des textes très simples** et en parler ensuite avec lui. Par ailleurs, continuez à lui lire des histoires.

S'entrainer

1 * Entoure la lettre m quand tu la vois. Recopie les mots pour lesquels tu entends (m).

maman   décembre   mardi   tomate   nom
maman   décembre   mardi   tomate   nom

2 ** Entoure la lettre n quand tu la vois. Recopie les mots pour lesquels tu entends (n).

note   lundi   banane   natte   maman
note   lundi   banane   natte   maman

3 *** Entoure le mot qui va avec le dessin.

orateur	donne	bandana	dormir
orange	pomme	dame	domino
ordinateur	poire	bonne	dôme
ordure	pompe	banane	adorer

EXO JEU Les enfants ont renversé de l'eau sur le menu. À toi de le reconstituer en te servant de ces syllabes :
na – ma – ne – me – mu

Menu
Me-lon
Sardi-ne-s à la to-ma-te
A-na-nas à la gelée de mu-res

Bravo ! Maintenant, tu sais lire et écrire les sons (n) et (m).

5 — Les sons

Les sons (ou) et (on)

Pour comprendre

Tu es jolie avec ton boubou !

Tu es gentil parce que tu veux mes bonbons !

Savoir

- **J'entends ou**
  un boubou

  | ou ou |

- **J'entends on**
  un melon

  | on on |

  une pompe

  | om om |

Attention ! le **n** devient **m** devant **m, b, p** comme dans po**m**pier sauf pour bo**n**bon.

Savoir faire

- Continue comme sur les modèles : *ou   on   om*

  ou

  on   om

  un mouton

Attention ! Ne confonds pas **au** et **ou**, **an** et **on**.

Infos parents

- **La confusion de certains sons** provient parfois d'une mauvaise diction. Insistez pour que votre enfant articule correctement lorsqu'il lit à haute voix.
- **Jouez ensemble à prononcer distinctement des phrases amusantes** comme : « La pie pond sans piper devant le paon qui papote. », « As-tu tata ton tutu tout en tulle ? ». Votre enfant prendra conscience des sons contenus dans les mots qu'il prononce.

S'entrainer

1 * Mets une croix si tu entends (ou) au début ou à la fin du mot.

☐☐   ☐☐   ☐☐   ☐☐

2 ** Mets une croix si tu entends (on) au début ou à la fin du mot.

☐☐   ☐☐   ☐☐   ☐☐

3 *** Forme les mots en reliant le début avec la fin des mots. Relie-les aux dessins correspondants et recopie-les sur ton ardoise.

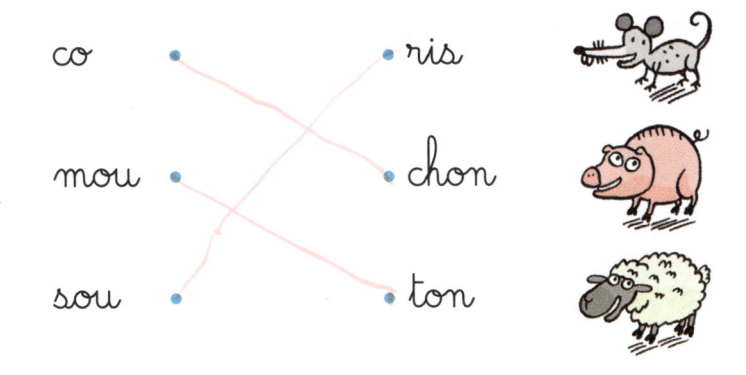

co • • ris
mou • • chon
sou • • ton

EXO JEU Complète les mots de la recette avec ou ou bien on.

Rag....t à ma faç....
Allumer le f....r. C....per le c....combre et le potir.....
Verser dans un chaudr..... avec le c..... d'un dind......
Servir avec du jamb......

Bravo ! Maintenant, tu sais lire et écrire les sons (ou) et (on).

Corrigés p. 14

6 — Les sons

Les sons r et l

Pour comprendre

Grrr, je suis un tigre ! Tu n'as pas peur ?

Non, car je suis un loup !

Savoir

- **J'entends r**

une **r**oue   un ma**rr**on

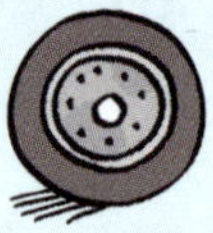

| r r | | rr rr |

- **J'entends l**

la **l**une   une ba**ll**e

| l l | | ll ll |

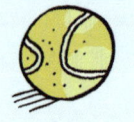

Savoir faire

- Continue comme sur le modèle : r   l

r

l

elle roule

Infos parents

- **Pour bien écrire, il est important que votre enfant soit au calme et installé confortablement.** Si votre enfant est droitier, placez son cahier bien à droite. S'il est gaucher, déplacez son cahier vers la gauche, cela l'aidera à mieux écrire.
- **Par ailleurs, soutenez patiemment les efforts de votre enfant en lecture.** L'apprentissage de la lecture est difficile car on doit à la fois reconnaitre des mots et comprendre les informations qu'ils donnent.

S'entrainer

1 * Relie chaque mot à la lettre qui lui manque et complète le mot. Devant chacun des mots, écris le ou la.

la bou**l**le .... dompteu......... ....oup

r   l

le tig**r**e .... c......ocodi......e le **l**apin

2 ** Lis les mots et mets des croix dans les colonnes qui conviennent.

	J'entends r	J'entends l
un cirque	un cirque	une perle
une étoile	une perle	une étoile
une perle	rire	une tourterelle
rire	une tourterelle	un lama
un lama		
une tourterelle		

Recopie les mots dans lesquels tu entends à la fois r et l.

....

EXO JEU 📝 Sépare les mots et recopie la phrase sur ton ardoise.

Lelionroulesursonballon.

Le lion roule sur son ballon.

Bravo ! Maintenant, tu sais lire et écrire les sons r et l.

Corrigés p. 14

17

7 Les sons

Les sons p et b

Pour comprendre

« C'est l'histoire d'une pelle boule et de trois boissons qui font des pulls... »

Oh la la ! Tu confonds le p et le b !

Tu veux dire : « C'est l'histoire d'une belle poule et de trois poissons qui font des bulles. »

Savoir

- **J'entends p**

une **p**oule

une na**pp**e

- **J'entends b**

un **b**iberon

p | pp | b

Savoir faire

- Continue comme sur le modèle :

p

b

la poubelle

Attention ! Lorsque tu lis, ne confonds pas **p** et **b**.

Infos parents

- **p** et **b** sont parfois confondus à l'écoute, à la **prononciation** et donc **mal identifiés en lecture**. Veillez à ce que votre enfant distingue bien les deux sons en renforçant leur diction. De plus, **p** et **b** font partie du quatuor de lettres (p-q-b-d) que l'on peut confondre facilement quand on apprend à les écrire ou à les lire.

S'entrainer

1 * ✏️ Barre la lettre qui ne convient pas et écris dans le mot celle qui manque. Puis recopie chaque mot sur ton ardoise.

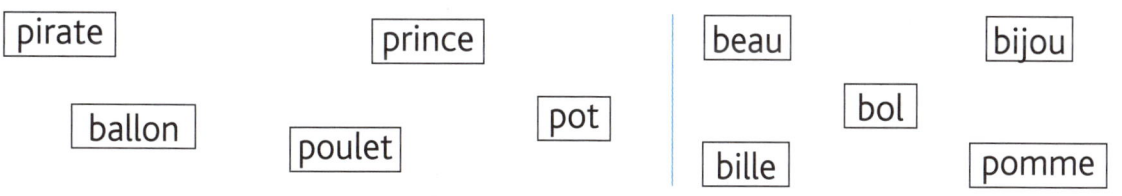

p b   p b   p b   p b

une ....oule   un ....oisson   des ....ulles   un ....ont

2 ** Barre l'intrus dans chaque liste.

pirate	prince		beau	bijou
ballon	poulet	pot	bol	pomme
			bille	

3 *** Lis ces phrases et barre les mots qui ne vont pas.

La princesse vit dans un balai/palais perdu dans les pois/bois.
Comme elle a peur/beurre des boues/poux, elle prend un pain/bain dans sa peignoir/baignoire.

4 *** Relie chaque mot à *un* ou *une*.

un •   • bouton   un •   • épaule
une •   • poire   une •   • boite
              • bateau   • puma

EXO JEU Complète les phrases avec les mots suivants.

chapeau – botte – pattes

Le chat botté a mal aux ....
Il a perdu ses .... et son .... s'est envolé.

Bravo ! Maintenant, tu sais lire et écrire les sons (p) et (b).

Corrigés p. 14

8 Les sons

Les sons d et t

Pour comprendre

Apporte moi un râteau.

Mais non ! Je t'ai dit râteau, pas nadeau !

Savoir

- **J'entends d**

  un **d**auphin

  d d

- **J'entends t**

  une **t**ortue

  t t

  une bo**tt**e

  tt tt

Savoir faire

- Continue comme sur le modèle :   d   t

  d   t

  le tapis doré

Attention ! Quand **d** et **t** sont à la fin d'un mot, le plus souvent on ne les entend pas : *un cha**t**, gourman**d**.*

Infos parents

- Il est important d'aider votre enfant à bien différencier les sons d et t ; cela lui permettra d'avoir une bonne représentation mentale de leur écriture. Il pourra ainsi associer plus facilement la ou les lettre(s) qu'il voit au(x) son(s) qu'elle(s) représente(nt).

S'entrainer

1 * Entoure les dessins en rouge quand tu entends le son (d).
Entoure ceux en bleu quand tu entends le son (t).

2 ** Recopie les mots suivants dans la bonne colonne.

la sardine – un domino – le pirate – chaude – une chatte – des sandales

J'entends (d)	J'entends (t)
la sardine	le pirate
un domino	une chatte
chaud	
des sandales	

3 *** Finis ces mots avec **teau** ou **deau**.

un ca**deau**   le gâ**teau**

le râ..............    un ra..............

EXO JEU Lis les phrases et entoure le bon mot.

La sirène boit du thé/dé.    Il pétale/pédale sur son pédalo.

Bravo ! Maintenant, tu sais lire et écrire les sons (d) et (t).

Corrigés p. 14
GUIDE PARENTS

9 Les sons

Le son [é]

Pour comprendre

Tu as vu ? Je me suis déguisée en fée !

Nomme les éléments du dessin et colorie lorsque tu entends « é ».

Savoir

- J'entends [é]

une étoile	une fée	un collier	un nez	les
é é	ée ée	er er	ez ez	es es

Savoir faire

- Le son [é] s'écrit de cinq façons : **é**, **ée**, **er**, **ez** et **es**.
- Continue comme sur le modèle : é   er   es   ez

é   er

es   ez

Infos parents

- La difficulté réside dans la distinction entre le son [é] et le son [è].

S'entrainer

1 * Écris les mots suivants au bon endroit.

nez – école – jouer – des

é	er	es	ez
école	jouer	des	nez

2 ** Entoure le mot qui correspond aux dessins.

une fée
une fête

une école
une colle

manger
nager

la poupée
la purée

3 *** Complète avec ces mots : fée – préparé – pâté – gouter

Pour le ...., la .... a ....
un ....

EXO JEU Relie la phrase au dessin.

a. Il a réparé la télé. • • 1.

b. Elle est tombée du canapé. • • 2.

c. Il a coupé du papier. • • 3.

d. Elle s'est déguisée en fée. • • 4.

Bravo ! Maintenant, tu sais lire et écrire le son é.

10 Les sons
Le son è

Pour comprendre

Regarde cette vilaine sorcière !

forêt
neige
bonnet
sapin de Noël
balai
sorcière

Relie les mots aux dessins.

Savoir

- **J'entends è**

un bal**ai** — ai ai

la n**ei**ge — ei ei

une sorci**è**re — è è

la for**ê**t — ê ê

la m**er** — e e

le siffl**et** — et et

No**ë**l — ë ë

Savoir faire

- Le son **è** s'écrit de plusieurs façons : **è, ai, ei, ê, ë,** et **e**.
- Continue comme sur le modèle : è ê ë

è   ê   ë

Infos parents
- **La différence** entre le son **é** et le son **è** réside dans **l'ouverture de la bouche**. Pour le son **è**, montrez bien à votre enfant qu'il faut ouvrir grand la bouche, alors que pour le son **é**, ce n'est pas nécessaire.

S'entrainer

1 * Écris les mots suivants au bon endroit :

père – balai – peine – perché – bête – poulet

è	ê	ai
père	bête	balai

ei	et	e
peine	poulet	perché

2 ** Colorie les syllabes qui correspondent au son è.

| mai | son | | tê | te | | pou | let | | ba | lei | ne |

3 *** Remets les phrases en ordre.

vais – à – fête – Noël. – Je – la – de

_____

mis – J'ai – violet. – gilet – un

_____

EXO JEU

Retrouve les mots suivants dans la grille :

vélo – mère – chaise – maire
très – seize – fête – mer

Complète la phrase avec le mot qui reste.

J'ai rêvé qu'il y avait

un _____ à l'école.

m	è	r	e	b	c	s	u
o	f	ê	t	e	x	e	v
c	b	k	m	q	p	i	é
h	i	g	e	a	b	z	l
a	w	s	r	j	k	e	o
i	m	a	n	è	g	e	t
s	l	d	m	a	i	r	e
e	k	t	r	è	s	p	y

Bravo ! Maintenant, tu sais lire et écrire le son è.

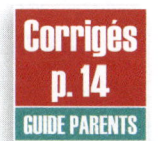

11 Les sons
Les sons (s) et (z)

Pour comprendre

Au zoo, j'ai vu des oiseaux, des zèbres...

Colorie en rouge le personnage qui prononce le son z et en bleu celui qui prononce le son s.

Et moi, j'ai vu des poissons, des ours, des singes...

Savoir

- **J'entends (s)**

  - s — un **s**inge
  - ss — un poi**ss**on
  - ç — un cale**ç**on
  - c — un **c**itron
  - sc — une pi**sc**ine

- **J'entends (z)**

  - s — une mai**s**on
  - z — un **z**èbre

Savoir faire

- Le son (s) s'écrit de cinq façons : **s, ss, c, ç** et **sc**.
- Le son (z) s'écrit de deux façons : **s** et **z**.
- Continue comme sur le modèle : s ç

  s   ç

Infos parents — La confusion entre les sons (s) et (z) est fréquente.

S'entrainer

1 * Nomme les dessins. Mets une croix dans la bonne case lorsque tu entends le son (z) au début ou au milieu du mot.

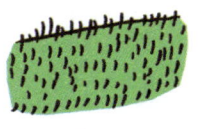

☐☐   ☐☐   ☐☐   ☐☐

2 ** Nomme les dessins. Mets une croix dans la bonne case lorsque tu entends (s) au début ou au milieu du mot.

☐☐   ☐☐   ☐☐   ☐☐

3 *** Lis les phrases et entoure les mots qui conviennent.

Dans la rivière, il y a des poissons/des poisons.

Le citron/hérisson est jaune.

Le garçon lance/danse le ballon à son chien/chapeau.

4 *** Écris la phrase dans l'ordre.

| le bazar | Les singes | leur cage. | font | dans |

EXO JEU

Écris les mots à la bonne place.

cornes
poils
pattes

Le bison a de longs ....
Il a quatre ....
et deux ....

Bravo ! Maintenant, tu sais lire et écrire les sons (s) et (z).

Corrigés p. 15
GUIDE PARENTS

12 — Les sons

Les sons (in) et (an)

Pour comprendre

— Aide-moi à trouver des mots qui riment avec lap**in** pour faire ma poésie.

— Je ne t'aiderai que si tu m'aides à trouver des rimes en **an** comme dans mam**an**.

— J'ai trouvé : éléph**ant**, d**ent**, ch**ant**…

— Moi aussi : mal**in**, T**in**t**in**, pép**in** !

Savoir

Le **n** devient **m** devant **m, b, p** : e**mm**ener, i**m**buvable, la**m**pe.

■ J'entends (in)

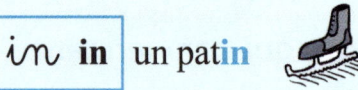

in	**in**	un pat**in**
un	**un**	**un**
ain	**ain**	du p**ain**
ein	**ein**	la p**ein**ture

■ J'entends (an)

an	**an**	un g**an**t
am	**am**	une l**am**pe
en	**en**	une d**en**t
em	**em**	la t**em**pête

Savoir faire

● Le son (in) s'écrit de quatre façons : **in**, **un**, **ain** et **ein**.

● Le son (an) s'écrit de quatre façons : **an**, **am**, **en** et **em**.

● Continue comme sur le modèle :

| in | un | ain | ein |
| an | am | en | em |

Infos parents ● La difficulté réside dans la possible confusion des sons. Les exercices permettent de vérifier que l'enfant perçoit bien la différence.

S'entrainer

1 * Entoure en rouge toutes les écritures du mot *matin* et en bleu celles du mot *maman*.

MATIN   *maman*   malin   matin   *maman*   MANCHE

marin   MAMAN   *matin*   *matin*   TINTIN   *maman*   *matin*

2 ** Recopie les mots dans les bonnes colonnes.

lutin – chantier – bain – pente – un – teinture – entourer

J'entends in	J'entends an

3 *** Entoure le mot qui correspond au dessin.

bain/main

géant/gant

tente/teinte

lampe/lapin

EXO JEU Relie les deux phrases qui vont ensemble.

Le petit lutin chante.   •   • Le petit lutin n'est pas propre.

Le petit lutin a fait de la peinture. •   • Le petit lutin est bien dans son bain.

Bravo ! Maintenant, tu sais lire et écrire les sons in et an.

Corrigés p. 15
GUIDE PARENTS

13 Les sons

Les sons k et g

Pour comprendre

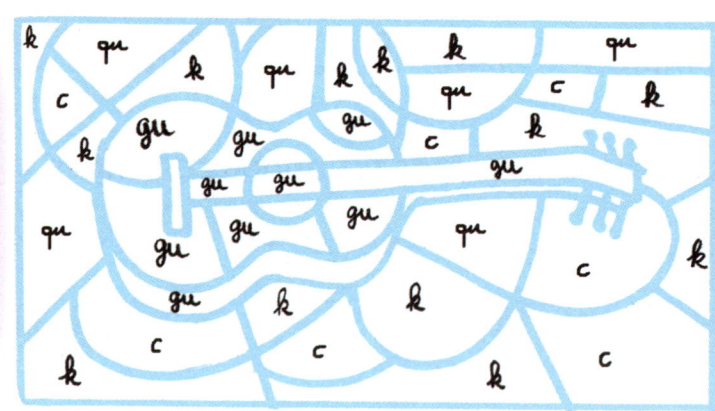

Colorie les « gu » en vert et les « k » en rouge.

Tu m'en joues ?

Savoir

• J'entends k

un cadeau	une école	une culotte	un kimono	une queue
ca ca	co co	cu cu	k k	qu qu

• J'entends g

un gâteau	un escargot	une figure	une baguette	une guitare
ga ga	go go	gu gu	gue gue	gui gui

Savoir faire

c   k   qu   g   gu

L'escargot joue.

Infos parents • **La lecture des lettres c et g seules** ne suffit pas à découvrir le son, il faut bien regarder la lettre qui suit.

S'entrainer

1 * Colorie en vert le dessin quand tu entends le son (k) et en bleu lorsque tu entends le son (g).

2 ** Relie le début à la fin du mot par une flèche et écris chaque mot sur ton ardoise.

mara • • ter
gui • • gue
ba • • cas
gou • • tare

3 *** Lis la phrase et entoure les mots qui conviennent.

Ce matin, nous allons découvrir / manger la vie d'un petite / grand musicien.

4 *** Souligne les deux phrases qui veulent dire la même chose.

a. Ce soir, les enfants regardent une émission très drôle.
b. Ce soir, les enfants dansent le rock.
c. Ce soir, les enfants voient un programme vraiment rigolo.

EXO JEU Trouve les mots cachés en remettant les syllabes en ordre.

| MU | QUE | SI | | GA | CI | LE |

Bravo ! Maintenant, tu sais lire et écrire les sons (k) et (g).

Corrigés p. 15

14 Les sons
Les sons v et f

Pour comprendre

- Les chevaliers ont des armures en verre...
- C'est vrai !
- Non, c'est faux, leurs armures sont en fer.
- J'ai répondu vrai mais c'était pour de faux !

Savoir

- **J'entends v**
  un cheval 

  v v

- **J'entends f**
  une fée 

  f f

  un phare 

  ph ph

Savoir faire

- Continue, comme sur les modèles : v f ph

v   f   ph

Du village fortifié, on voit le phare.

Infos parents : Il n'est pas rare que les enfants **mélangent les sons** v et f.

S'entrainer

1 * Réponds par « Vrai » ou par « Faux ».

	Vrai	Faux
Dans [saxophone], j'entends le son (v).	☐	☐
Dans [vache], j'entends le son (v).	☐	☐
Dans [feu], j'entends le son (f).	☐	☐
Dans [coffre], j'entends le son (v).	☐	☐

2 ** Retrouve les lettres manquantes (f ou v) et écris-les.

Le ...ou du roi ne veut pas se le...er, il est ...raiment trop ...atigué.

– Viens ...ite, dit le valet, sinon le roi va se ...âcher.

3 *** Voici une liste de mots. Recopie ceux qui sont dits par les personnages du dessin en page 32 sur ton ardoise.

véritable – fer – flair – cave – vrai – faim – faux – verre

EXO JEU Lis ces deux textes. Dans le second texte, il y a 5 différences. Retrouve-les et entoure-les.

Des voleurs veulent entrer dans le château fort pour voler le trésor. Ils se faufilent dans la foule et trouvent le coffre. Ils filent sans être vus et partent retrouver Robin des bois dans la forêt.

Des laveurs veulent entrer dans le château fort pour voler le trésor. Ils se faufilent vers la foule et couvent le coffre. Ils filent sans être fous et partent retrouver Robin des fois dans la forêt.

Bravo ! Maintenant, tu sais lire et écrire les sons (v) et (f).

Corrigés p. 15

15 Les sons
Les sons e et eu

Pour comprendre

Mon cœur, voici deux fleurs.

Et tout ça pour mes beaux yeux bleus !

Savoir

Le son e se prononce la bouche bien ouverte, contrairement au son eu.

• J'entends e

une fleur — un cœur — un cheval

eu eu | œu œu | e e

• J'entends eu

du feu — un nœud

eu eu | œu œu

Savoir faire

- Les sons e et eu s'écrivent de trois façons : **e**, **eu** et **œu**.
- Continue comme sur le modèle : e eu œu

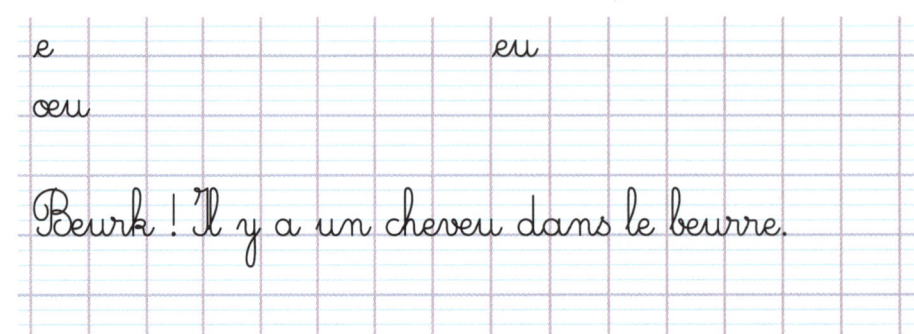

e   eu

œu

Beurk ! Il y a un cheveu dans le beurre.

Infos parents

• **La prononciation du son n'est pas déterminée par la lettre.** À la fin des mots, on parle de **e** muet. Comme pour les sons é et è, la distinction entre e et eu est variable selon les régions et les accents.

S'entrainer

1 * Barre tous les mots dans lesquels tu n'entends pas les sons (e) et (eu).

une cerise	une revue	une meule	un œuf
un fermier	un chemin	un veau	lent
du beurre	un jeu	petit	un nœud

2 ** Entoure de la même couleur les deux phrases qui veulent dire la même chose.

a. La poule est heureuse : elle a pondu deux œufs en forme de cœur.

b. Quelle horreur ! La poule a pondu deux œufs en forme de cœur.

c. Quel bonheur ! La poule a pondu deux œufs en forme de cœur.

EXO JEU Voici une grille de mots fléchés. À toi de jouer !

BŒUF

FLEUR

CHEVAL → C O E U R

TRACTEUR

RENARD

CŒUR

Grille remplie :
- tracteur (vertical)
- cheval (horizontal)
- fleur (vertical)
- boeuf (horizontal)
- renard (horizontal)

Bravo ! Maintenant, tu sais lire et écrire les sons (e) et (eu).

Corrigés p. 15
GUIDE PARENTS

16 Les sons
Les sons ch et j

Pour comprendre

J'ai trouvé 4 mots avec « ch ».

chat, cheval, journal, chou, jupe, chien

Et moi 3 mots avec « j ».

Qui a raison ?

Savoir

- **J'entends ch**
- **J'entends j**

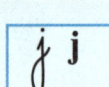

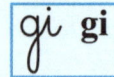

un **ch**apeau — un **j**ouet — une pla**g**e — une **g**irafe — une oran**gea**de

| ch ch | j j | ge ge | gi gi | gea gea |

Savoir faire

- Le son **ch** s'écrit d'une seule façon : **ch**.
- Le son **j** s'écrit de deux façons : **j**, **g** devant **e** et **i**.
- Continue comme sur le modèle : ch j g ge

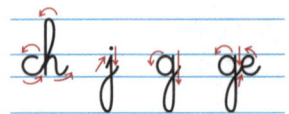

ch   j   g   ge

Georges joue à chat perché avec Julie.

Infos parents : Il arrive que les enfants aient des difficultés à prononcer le son **j** et le transforment en **ch**.

S'entrainer

1 * Barre les intrus dans chaque boite à sons.

ch
chat   cloche   piège   chien
niche   cour   racine   chute

j
joli   sage   vache   géant
page   bague   trajet   pêche

2 ** Place les mots aux bons endroits.

chahuté – genou – charmante – Je – écorché

« .... me suis .... le .... dans la cour » dit Julien.
« Si tu n'avais pas ...., tu ne serais pas tombé »,
réplique la .... Charlotte.

3 *** Relie avec *un* ou *une*.

- géant
- chanteuse
- journal
- poche

un •
une •

- chance
- gage
- jardin
- chenille

un •
une •

4 *** Entoure les mots où l'on entend le son **j**.

gare   neige   grand   rouge   tigre
pigeon   blague   gorge   bagarre

EXO JEU 📝 Complète les mots avec les syllabes proposées et recopie-les sur ton ardoise.

che – chi – cha
un ....ton
une ....mise
un ....nois

ju – jou – ge
un ....nou
un ....et
une ....pe

Bravo ! Maintenant, tu sais lire et écrire les sons **ch** et **j**.

Corrigés p. 15
GUIDE PARENTS

17 — Les sons

Les lettres x et w

Pour comprendre

- Viens jouer au train !
- Non, moi je prends mon taxi jaune !
- Dans ce wagon, je mets des kiwis.
- Finalement, moi je vais jouer du xylophone !

Savoir

Lorsque je vois x :

- j'entends **ks** — un sa**x**ophone
- j'entends **gz** — un **x**ylophone
- j'entends **s** — di**x**
- j'entends **z** — si**x**ième

Lorsque je vois w :

- j'entends **v** — un **w**agon
- j'entends **w** — un ki**w**i

Attention au **x** à la fin des mots. On ne l'entend pas : *des châteaux*, sauf *six*, *dix*.

Savoir faire

- Continue comme sur le modèle : *x w*

x   w
Le kiwi, c'est excellent pour la santé.

Infos parents — La difficulté de cette leçon réside dans la multiplicité des sons produits par la lettre **x**. Il est nécessaire de bien illustrer ce phénomène par de nombreux exemples.

S'entrainer

1 * Entoure les mots qui contiennent la lettre x et recopie ceux dans lesquels tu entends (ks).

boxe – soixante – toxique – roux – choix – fixer

....

2 ** Entoure les mots qui contiennent la lettre w et recopie ceux dans lesquels tu entends (w).

kiwi – vache – wapiti – wagon – watt – voiture

....

3 *** Place les mots dans la grille.

WAGON

TAXI

KIWI

POUX

EXO JEU À quel dessin chaque phrase correspond-elle ? Écris le numéro.
.... Votre taxi est vraiment confortable.
.... Au revoir ! Et bonne route !
.... Hep ! Taxi !
.... Combien vous dois-je ?

Bravo ! Maintenant, tu sais lire et écrire les lettres (x) et (w).

Corrigés p. 15

39

18 Les sons

Les sons gn et y

Pour comprendre

Complète avec ces mots : soleil, paille, montagne, champignon.

_ _ _ _ _ _ _ N _
_ _ _ _ _ _ L
_ _ _ _ _ _ _ G _ _ _
_ _ _ L _ _

Savoir

- J'entends **gn**

un pei**gn**e

gn gn

- J'entends **y**

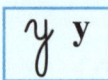

une fi**ll**e   un sole**il**   un ra**y**on

ill ill		il il		y y

Savoir faire

- Le son **gn** s'écrit d'une seule façon : **gn**.
- Le son **y** s'écrit de trois façons : **ill**, **il** et **y**.
- Continue comme sur le modèle : gn   y   il   ill

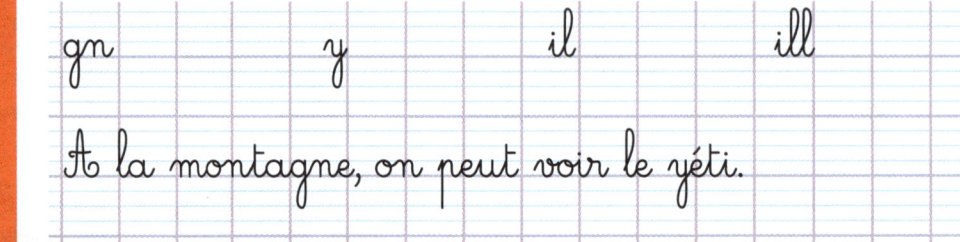

gn   y   il   ill

À la montagne, on peut voir le yéti.

Infos parents

- Vous pouvez commencer cette leçon **en cherchant ensemble des mots où l'on entend les sons gn et y**. Cela vous permettra de repérer d'éventuelles difficultés. Il est important de profiter de ces moments pour enrichir le vocabulaire de votre enfant.

S'entrainer

1 * Colorie en rouge quand tu entends le son (gn) et en vert quand tu entends le son (y).

2 ** Recopie les mots dans la bonne colonne.

abeille – champignon – yaourt – papillon – grillon – cygne – beignet – lasagnes

Animaux	Aliments

3 *** Barre d'un trait la syllabe de trop dans les mots en gras.

Dans la **monbitagne**, une petite **checanille** attend de devenir **papopillon** pour **chagagner** la plaine avant l'hiver.

EXO JEU Parmi ces mots, entoure ceux qui sont dits par les personnages du dessin en page 40 et recopie-les sur ton ardoise.

montagne – champagne – rayure – crayon – paille – soleil – fontaine

Bravo ! Maintenant, tu sais lire et écrire les sons (gn) et (y).

Corrigés p. 15
GUIDE PARENTS

41

19 Les sons

Les sons eil, ail, euil et ouil

Pour comprendre

- Regarde, un écureuil !
- Il se cache derrière une feuille.
- Il n'aime pas le soleil...
- Ou il a peur des abeilles !

Savoir

- **J'entends eil**
  - un réveil — eil / eil
  - une abeille — eille / eille

- **J'entends ail**
  - un éventail — ail / ail
  - une paille — aille / aille

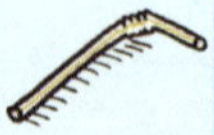

- **J'entends euil**
  - un écureuil — euil / euil
  - une feuille — euille / euille

- **J'entends ouil**
  - du fenouil — ouil / ouil
  - une grenouille — ouille / ouille

Si tu peux écrire *je* devant le mot, il se terminera par *lle* : *je travaille*.

Savoir faire

- Les mots au masculin se terminent par **-il** : *un travail*.
- Les mots au féminin se terminent par **-ille** : *une feuille*.
- Continue comme sur le modèle :

L'écureuil se cache dans les feuilles.

Infos parents — **Les sons abordés ne sont pas faciles.** Proposez des mots qui les utilisent et demandez à votre enfant de les répéter. Vérifiez également qu'il les comprend.

S'entrainer

1 * **Complète le tableau avec les mots suivants :**

épouvantail – cerfeuil – mouiller – rouille – caille – oreille

J'entends eil	J'entends ail	J'entends euil	J'entends ouil
....	....	....	....
....	....	....	....

2 ** 📝 **Relie le début et la fin de chaque mot. Recopie-le sur ton ardoise.**

port •   • euil
citr •   • ail
faut •   • ouille

3 *** **Barre le mot intrus dans chaque liste.**

fauteuil	pagaille	fouille
écureuil	paille	mouille
file	pilote	rouille
seuil	portail	moule

EXO JEU **Termine les mots avec :**

ail/aille   eil/eille   euil/euille

un trav..............   un sol..............   un chev..............
de la p..............   une corb..............   une f..............

Bravo ! Maintenant, tu sais lire et écrire les sons eil, ail, euil et ouil.

20 Les sons
Les sons (ian), (ion) et (ien)...

Pour comprendre

Julien a un petit chien...

Il court après les camions.

Qui joue et qui mange bien.

Plus tard, il sera fort comme un lion !

Savoir

- **J'entends**

  ia — ia / ia — un p**ia**no

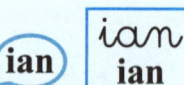

  io — io / io — une rad**io**

  ier — ier / ier — un coll**ier**

- **J'entends**

  ian — ian / ian — sour**iant**

  ion — ion / ion — un l**ion**

  ien — ien / ien — un magic**ien**

Savoir faire

Attention ! Ne confonds pas :

ain et ian : p**ain** / pl**iant**   oin et ion : f**oin** / p**ion**

ia et ai : p**ia**no / m**ai**son   io et oi : rad**io** / **oi**seau

ei et ie : r**ei**ne / p**ie**d   ein et ien : r**ein** / r**ien**

- Continue comme sur le modèle :

Le chien de Julien est fort comme un lion.

Infos parents

- Vous pourrez montrer à votre enfant que la place d'une lettre peut faire varier le sens d'un mot.

S'entrainer

1 * Lis les mots et recopie-les sous le bon dessin.

bain – peinture – chien – avion

....

2 ** Entoure le mot si tu entends ian, ion ou ien.

il tient / il peint
un point / un pion
un triangle / une main

3 *** Retrouve les mots où l'on entend ien, ian ou ion et écris-les dans la bonne colonne.

bien – point – pain – lion – feinte – coin – pliant – tien – sain – pion

J'entends ien	J'entends ian	J'entends ion

EXO JEU Remets en ordre chaque mot. Attention, une syllabe s'est glissée par erreur dans chaque étiquette.

- dien ta in
- ga pain co
- pa de nier
- vion be a

....

Bravo ! Maintenant, tu sais lire et écrire les sons ia, ian / io, ion / ier, ien.

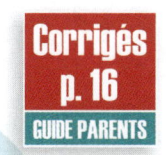

21 Lecture
Lire et écrire des phrases

Pour comprendre

T'as trouvé les bonbons ?

Oui ! Je les ai trouvés très bons !

Savoir

- **Une phrase doit toujours vouloir dire quelque chose**. Pour être comprise, tous les mots qui la composent doivent être à la bonne place.

  Je mange un bonbon.
  *Je mange un bonbon **au gouter**.*
  ***Au gouter**, je mange un bonbon.*

Savoir faire

- **Avant d'écrire une phrase**, dis-la dans ta tête pour être sûr(e) qu'elle a un sens.
- **Après avoir lu une phrase**, demande-toi si tu l'as bien comprise en la formulant autrement.
- **Vérifie sa ponctuation** : n'oublie pas qu'une phrase commence par une majuscule et se termine par un point.

Infos parents

- **Bien construire une phrase à l'écrit** passe par une bonne maitrise de l'oral.
- **N'hésitez pas à reprendre votre enfant à l'oral**, si nécessaire. Faites-lui faire des phrases courtes et précises en utilisant un vocabulaire adapté. **Pour cela, jouez avec lui en proposant de trouver des synonymes**, de déplacer certains mots.
- **Demandez-lui d'expliquer ce qu'il veut dire** et s'il peut formuler sa phrase différemment.

S'entrainer

1 * Remets en ordre les mots de chaque phrase.

a. Petit Magnon à faire apprend du feu.

....

b. chasse Gros Magnon avec le mammouth sa lance.

....

2 ** Complète chaque phrase avec la bonne étiquette.

| Lucie Magnon | en cachette | grille | en os de diplodocus |
| la caverne | chante |

a. Pépé Magnon marche avec sa canne ....

b. .... ramasse des champignons.

c. Grand Magnon .... le gigot de mammouth.

3 *** Entoure la bonne réponse.

a. Si Médor Magnon ronge un os de bison, on peut dire que :
Médor Magnon est un poisson / un chien / un oiseau.
b. Si Tom Magnon aime les poissons, on peut dire que :
Tom magnon est un chat / un chien / un cheval.
c. Si Jacquot Magnon vole des cerises, on peut dire que :
Jacquot Magnon est un poisson / un chien / un oiseau.

EXO JEU Pour chaque réponse, entoure la bonne question.

a. Le silex est gris.
Où est le silex ? / Comment est le silex ?
b. Les Magnon chassent le mammouth.
Que chassent les Magnon ? / Qui chasse les Magnon ?
c. Mona Magnon peint dans la caverne.
Qui est Mona Magnon ? / Que fait Mona Magnon ?

Bravo ! Maintenant, tu sais lire et écrire des phrases.

Corrigés p. 16
GUIDE PARENTS

22 Lecture
Lire et écrire des histoires

Pour comprendre

Savoir

- **Une histoire** a **un début et une fin**.
- **Lorsqu'on lit une histoire,** on doit comprendre ce qu'elle raconte et pouvoir parler des personnages, des actions, des lieux…

Savoir faire

- **Lorsque tu écris une histoire,** essaye d'y penser avant, pour qu'elle ait un début et une fin et qu'elle soit courte.
- **Pose-toi les questions :**
  – qui ?
  ➜ qui sont les personnages ?
  – quoi ?
  ➜ ce que font les personnages ?
  – quand ?
  ➜ quand l'action se déroule ?
  – où ?
  ➜ où est le lieu de l'action ?

Infos parents

- **Même si votre enfant est au CP, continuez surtout à lui lire des histoires** pour lui transmettre le plaisir de lire.
- **À cet âge, l'enfant n'écrit que des histoires très courtes.** Ne vous focalisez pas sur l'orthographe : votre enfant, en écrivant, se concentre essentiellement sur son récit.

S'entrainer

1 * Place les mots suivants dans ce texte :

vacances – dans – soucoupe – poissons – s'envole – maillot

C'est les vacances ! Splouk le Martien ferme le coffre de sa .... volante et .... pour la planète Dirladada. Arrivé à DDX-les-flots, il saute dans son .... de bain et plonge .... la mer rose fluo. Il nage parmi les .... Mais il faut déjà rentrer car, sur Mars, les .... ne durent qu'une seule journée !

2 ** 📝 À toi de finir cette histoire ! Tu peux utiliser ton ardoise.

« Splak, la sœur de Splouk, retrouve ses copines au parc. Youpi ! Direction la balançoire ! Soudain, Splak crie : "Zut de superzut ! J'ai perdu mon bracelet parlant vénusien !" Tout le monde cherche le bracelet dans le parc. On l'appelle, mais pas de réponse ! Finalement, c'est .... qui l'a retrouvé. Il était caché près de .... Splak est .... »

EXO JEU Complète l'histoire en choisissant dans chaque ligne le mot qui convient.

Aujourd'hui, c'est l'anniversaire de Splouk. Il a sept (1) .... lunaires. Tous ses (2) .... sont invités à la (3) .... Voilà le gâteau ! Splouk souffle ses sept (4) .... Puis il (5) .... son cadeau : formidable ! C'est un arc à petits (6) .... ! Et maintenant, en avant la (7) .... , c'est l'heure de la (8) ....

1. *étoiles – années – virus*
2. *cousins – amis – robots*
3. *fête – pêche – base*
4. *réacteurs – bougies – pétards*
5. *explose – couve – ouvre*
6. *ronds – cochons – boulons*
7. *fusée – compagnie – musique*
8. *boum – sieste – téléportation*

Bravo ! Maintenant, tu sais lire et écrire des histoires.

Corrigés p. 16

49

23 Lecture
Lire des documents

Pour comprendre

Comment je fais pour trouver la piscine ? — *Prends un plan !*

Pour comprendre un mot compliqué ? — *Prends le dictionnaire !*

Et pour trouver ma gomme ? — *Range ta chambre !*

Savoir

- **Un document sert à nous informer.**
- **Il existe différents types de documents :** des recettes, des articles de dictionnaire, des plans.
- **Ils sont écrits et présentés différemment** parce qu'ils ne disent pas la même chose.

Savoir faire

Pour savoir quel type de document tu lis, repère bien sa forme.

- **Article de dictionnaire**

    potier : n.m. Personne qui fabrique et vend des poteries.
    potin : n.m. Commérage, ragot.
    potion : n.f. Médicament liquide qui se boit.
    potiron : n.m. Grosse citrouille.

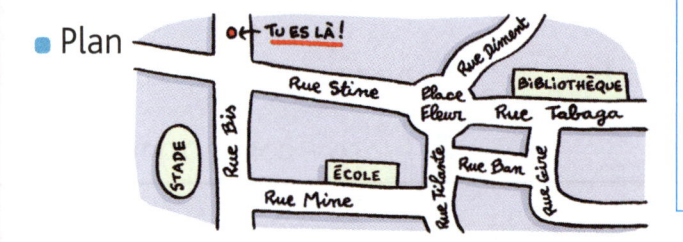

- **Plan**

- **Recette de cuisine**

    Les petits hérissons
    Pour 4 personnes, il faut :
    - une boite de poires au sirop
    - des amandes effilées
    - des raisins secs

    • Place une demi-poire dans une assiette et fais de petites entailles.
    • Plante les amandes effilées pour faire les piquants et deux raisins secs pour faire les yeux.
    Bon appétit !

Infos parents

- **Proposez à votre enfant d'utiliser différents types de documents** pour y chercher une information, réaliser un plat ou une construction, comprendre la règle d'un jeu ou vous guider dans les rues d'un quartier. Il comprendra que chaque document a un usage précis.

S'entrainer

1 * Lis la recette de la page de gauche, puis entoure les erreurs ci-dessous et corrige-les.

a. une boite de foires au sirop ....

b. des amandes épilées ....

c. des cousins secs ....

2 ** Lis la recette de la page de gauche, puis barre la mauvaise réponse.

a. La demi-poire sert à faire le corps / la tête du hérisson.

b. Les amandes servent à faire les oreilles / les piquants du hérisson.

c. Les raisins servent à faire les yeux / les narines du hérisson.

3 *** Lis les articles de dictionnaire de la page de gauche, puis réponds aux questions.

a. Quel est le mot placé entre « potier » et « potion » ? ....

b. Quel est le mot dont la définition est « grosse citrouille » ? ....

EXO JEU Regarde le plan, puis réponds aux questions.

a. Dans quelle rue se trouve la bibliothèque ? ....

b. Pour aller à l'école, passes-tu obligatoirement devant le stade ? ....

c. Écris un B pour indiquer la place de la boulangerie à l'angle de la rue Ban et de la rue Gire.

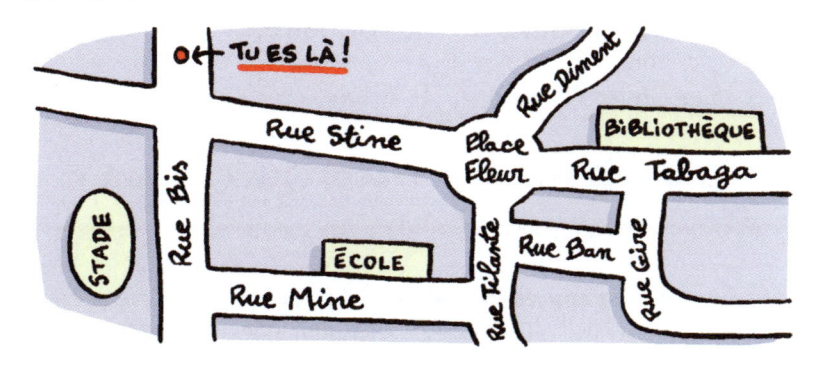

Bravo ! Maintenant, tu connais différents types de documents.

24 Vocabulaire
Lettres et ordre alphabétique

Pour comprendre

Écoute notre comptine !

A B C D Mon papi a un grand nez
E F G H au-dessus de sa moustache
I J K L pour attirer les coccinelles
M N O P et faire de l'ombre aux araignées
Q R S T mais prends garde que son grand nez
U V W tant aimé des scarabées
X Y Z ne s'envole à tire-d'aile !

Savoir

L'alphabet est composé de **26 lettres** : 6 voyelles et 20 consonnes.

- Les **voyelles** sont :
a e i o u y
a e i o u y

- Les **consonnes** sont :
b c d f g h j k l m n p q r s t v w x z
b c d f g h j k l m n p q r s t v w x z

Savoir faire

- **Il est important de connaitre l'ordre alphabétique** pour pouvoir se repérer dans un dictionnaire.

a b c d e f g h i j k l m n o p q r s t u v w x y z
A B C D E F G H I J K L M N O P Q R S T U V W X Y Z

Infos parents

- **Pour apprendre à lire et à écrire**, il est nécessaire de bien connaitre les lettres de l'alphabet. Il est aussi important de différencier les voyelles des consonnes et de connaitre l'ordre alphabétique.
- **Pour faciliter cette acquisition**, vous pouvez faire des petits exercices avec votre enfant : dictée de lettres, classer des mots par ordre alphabétique, chercher le plus rapidement possible une lettre dans le dictionnaire. Grâce à ces jeux, votre enfant maitrisera l'ordre alphabétique.

S'entrainer

1 * En reliant les lettres dans l'ordre alphabétique, tu découvriras pourquoi le chevalier s'enfuit.

2 ** Ajoute les voyelles oubliées dans les mots de la phrase suivante.

â – e – i – o – u – y

L…… ch……teau f……rt du pr……nce est très grand : il …… a a……
moins vingt chambres.

3 *** Retrouve les consonnes effacées dans les mots de la phrase suivante.

ll – r – t – c – h – s – l

Le ……oi cherc……e ……on pe……it prin……e, c'est l'heure d'a……er au
……it.

EXO JEU 📝 Remets ces mots dans l'ordre alphabétique et écris-les sur ton ardoise.

épée bouclier armure cheval casque

Bravo ! Maintenant, tu connais l'alphabet.

Corrigés p. 16
GUIDE PARENTS

25 Vocabulaire
Les mots étiquettes

Pour comprendre

Colorie les fruits en jaune.

Colorie les légumes en rouge.

Savoir

- Les mots peuvent être regroupés par **thèmes**.
- Le **mot étiquette** représente le **chef**.

Famille des **oiseaux**

pigeon

corbeau

pie

Famille des **poissons**

poisson clown

thon

sole

Savoir faire

- Pour trouver un mot étiquette, il faut regrouper les mots d'une même famille et chercher le nom de cette famille.

Infos parents

- **Pour enrichir le vocabulaire** de votre enfant, il est important de pouvoir classer les mots et d'utiliser des mots précis. Trop souvent l'enfant utilise le mot étiquette, à vous de le guider pour qu'il se serve du mot adéquat et qu'il élargisse ainsi son champ lexical.

S'entrainer

1 * Barre le mot intrus dans chaque colonne.

sports	jouets	vêtements
judo	billes	pantalon
montre	poupées	casserole
ski	petites voitures	chaussettes
tennis	lampe	écharpe

2 ** Colorie les dessins de la même couleur que le mot étiquette auquel ils appartiennent.

véhicules   animaux

3 *** Retrouve le mot étiquette et écris-le à la bonne place.

manteaux – chaussures – jeux – chapeaux

.... : bottes, chaussons, sabot.
.... : casquette, sombrero, bonnet.
.... : veste, anorak, blouson.
.... : dominos, petits chevaux, dames.

EXO JEU Cherche dans la liste les trois mots qui correspondent aux mots étiquettes et écris-les.

chien, ballon, sapin, lion, biche, camion, chêne, marronnier

animaux : ....
arbres : ....

Bravo ! Maintenant, tu sais regrouper les mots par thèmes.

Corrigés p. 16

26 Grammaire/Orthographe
Les classes de mots

Pour comprendre

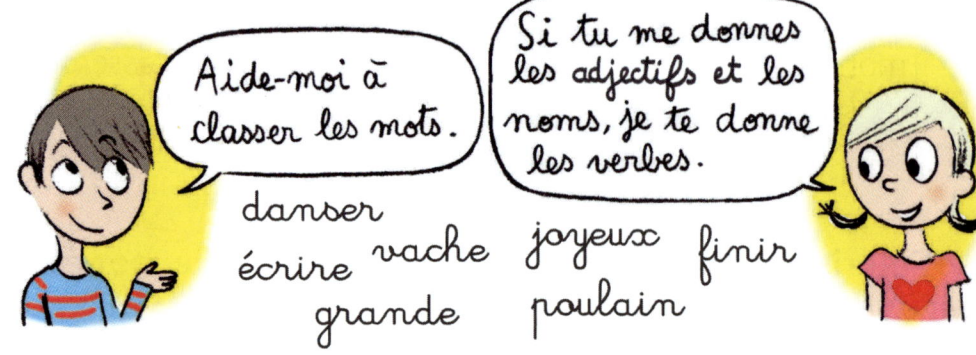

Aide-moi à classer les mots.

Si tu me donnes les adjectifs et les noms, je te donne les verbes.

danser, écrire, vache, joyeux, finir, grande, poulain

Entoure les verbes en rouge, les noms en bleu et les adjectifs en vert.

Savoir

On peut **classer les mots**.
On trouve **les noms** : cheval, vache, chien…
On trouve **les adjectifs** : petit, gentil, curieux…
On trouve **les déterminants** : le, la, les, un, une, ce, ces, son, sa…
On trouve **les verbes** : sauter, courir, marcher…
On trouve **les pronoms** : il, elle, je, tu….

Savoir faire

- On peut **remplacer un nom par un autre nom**.
  Le cheval saute. ➜ Le kangourou saute.

- On peut **remplacer un verbe par un autre verbe**.
  Le cheval saute. ➜ Le cheval galope.

- On peut **remplacer un adjectif par un autre adjectif**.
  Le gentil poney. ➜ Le méchant poney.

Le déterminant est devant le nom : **le** cheval / **ce** cheval / **son** cheval
Le pronom remplace le nom : Le cheval saute, **il** est très fort.

Infos parents

- **Dans les nouveaux programmes**, la notion de classe de mots est abordée dès le CP, elle sera reprise et approfondie durant toute la scolarité.
- Sous forme de petits jeux, à l'oral, demandez à votre enfant de remplacer un nom, un adjectif ou un verbe par un autre, de trouver le déterminant devant un nom ou de retrouver le nom remplacé par un pronom.

S'entrainer

1 * Place les noms, les adjectifs et les verbes dans la bonne colonne.

trotte, cheval, galope, courageuse, doux, cavalière, poney.

Nom	Verbe	Adjectif

2 ** Relie l'adjectif avec le nom.

le foin • • blanche
les chevaux • • délicieux
la jument • • sauvages

les éperons • • noires
la cravache • • pointus
les bottes • • longue

3 *** Écris le déterminant et le pronom à la bonne place.

Mon, Ma, Les, il elle ils elles

a. .... jument est fatiguée, ... a trop couru.
b. .... poney a soif, ... veut boire.
c. .... chevaux partent au galop, ... s'échappent.
d. Nadia et Elsa entrent dans le box, ... vont brosser le vieux cheval.

EXO JEU Écris les mots de cette phrase dans la bonne colonne.

Le poulain gourmand mange des feuilles délicieuses.

Nom	Verbe	Adjectif

Bravo ! Maintenant, tu sais classer les mots.

Corrigés p. 17
GUIDE PARENTS

57

27 — Grammaire/Orthographe
Le masculin et le féminin

Pour comprendre

Regarde cette vitrine. Il y a plus de mots féminins.

Qui a raison ?

Même pas vrai ! Les garçons sont toujours plus forts !

Savoir

- masculin

un grand garçon
le grand garçon

- féminin

une grande fille
la grande fille

Savoir faire

- Les **adjectifs** s'accordent avec le **nom**.
Lorsque le nom est **masculin**, l'adjectif s'accorde au **masculin**.
Lorsque le nom est **féminin**, l'adjectif s'accorde au **féminin**.
  le coq ➜ *le **gros** coq **blanc***
  la poule ➜ *la **grosse** poule **blanche***

Infos parents

- **Déterminer facilement le genre d'un nom** permet ensuite de mieux comprendre le système des accords dans le groupe nominal, que votre enfant abordera dans les années à venir.
- Amusez-vous à chercher ensemble des noms et des adjectifs puis à en trouver le genre en précisant que l'adjectif s'accorde.

S'entrainer

1 * Range les mots suivants dans le tableau :

le potager – une cour – joli – un garage – la mare – un épi – jolie – une niche

Masculin	Féminin

2 ** Pour chaque ensemble, relie chaque nom à son déterminant et à son adjectif.

une •   • petit •   • fleur   la •   • belle •   • arbre
le •   • jolie •   • chou   l' •   • énorme •   • plante

3 *** Écris les déterminants et les adjectifs à la bonne place.

a. (le / la / gentil) .... dindon boude dans .... grange.
b. (une / le / vieux) .... coq le prend pour .... dinde.
c. (un / la / méchant) .... poule dit qu'il est laid comme .... pou.
d. (le / une / vilain) .... canard le trouve bête comme .... oie.
e. (le / la / douce) Et .... pintade ? Elle va consoler .... dindon.

EXO JEU Barre le nom qui ne convient pas.

a. La femelle du cheval est la brebis / la jument.
b. Le mâle de la poule est le coq / le lapin.
c. La femelle du chat est la lapine / la chatte.
d. Le mâle de la brebis est le cochon / le mouton.
e. La femelle du lapin est la lapine / la jument.
f. Le mâle de la truie est le cochon / le coq.

Bravo ! Maintenant, tu connais le masculin et le féminin.

Corrigés p. 16
GUIDE PARENTS

28 Grammaire/Orthographe
Le singulier et le pluriel

Pour comprendre

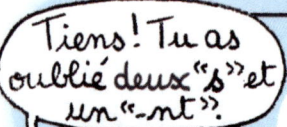

« Tiens ! Tu as oublié deux "s" et un "-nt". »

*Pour Noël, je veux...
des livres, des poupées qui parlent, des feutres brillants, du maquillage, des longue robe qui tourne et des perles.*

« Où ça ? »

Savoir

• **Singulier**

un petit chat – **le** petit chat

un grand chapeau –
le grand chapeau

• **Pluriel**

des petit**s** chat**s** – **les** petit**s** chat**s**

des grands chapeau**x** –
les grands chapeau**x**

Le petit chat se cache sous le grand chapeau.
→ Les petits chats se cachent sous les grands chapeaux.

Savoir faire

• Pour savoir si un nom est au pluriel, regarde le petit mot placé devant lui.   **Les** enfant**s**, **des** oiseau**x**.
• Pour savoir si un adjectif est au pluriel, regarde si le nom qui est devant ou derrière est au pluriel.   **Les** petit**s** chat**s**.
• Pour savoir si un verbe est au pluriel, regarde si le sujet est au pluriel.   **Les** petit**s** chat**s** cherche**nt** la souris.

Infos parents
• **La règle sur le pluriel des noms, des adjectifs et des verbes a du mal à être appliquée par les enfants.** Lorsqu'ils écrivent librement un texte, ils l'oublient.
• **Faites remarquer à votre enfant** que certains noms sont invariables et ont déjà un -s ou un -x au singulier : *une souris, la paix*.

S'entrainer

1 * Écris S pour singulier et P pour pluriel.

des petites balles ....   le magicien ....
un cerceau ....   des cordes ....
l'acrobate ....   un bon jongleur ....
les hautes tours ....   la baguette ....
une balançoire ....   les cartes ....

2 ** Mets les mots suivants au pluriel et écris-les à la bonne place. *un saut – un trapèze géant – la petite puce*

Voici enfin le numéro avec .... savantes.

Elles font .... incroyables !

Elles s'élancent même sur ....

3 *** Écris le nom, l'adjectif ou le verbe au bon endroit.

blancs   a. Le .... joue de la trompette.
lions   b. Les chevaux .... dansent sur la piste.
crient   c. Les .... arrivent.
clown   d. Les spectateurs ...., sauvez-vous vite !

EXO JEU Le clown n'a rien compris au singulier et au pluriel ! Complète, si c'est nécessaire, ce qu'il a écrit, avec *s*, *x* ou *nt*.

Le cirque et les artistes arrive...... Il y a les excellent...... musicien...... et les fantastique...... acrobates. Le clown jongle, les animau...... arrivent, les enfants s'amusent, ils crie....... .

Combien y a-t-il de verbes au pluriel ? Entoure la bonne réponse :

a. 2   b. 3   c. 4   d. 5

Bravo ! Maintenant, tu connais le singulier et le pluriel.

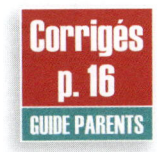

Corrigés p. 16

29 Les verbes *être* et *avoir* au présent

Grammaire/Orthographe

Pour comprendre

J'ai un kimono, qui suis-je ?

Tu es un judoka, j'ai gagné !

Savoir

- **Être**
je **suis**
tu **es**
il ou elle **est**
nous **sommes**
vous **êtes**
ils ou elles **sont**

- **Avoir**
j'**ai**
tu **as**
il ou elle **a**
nous **avons**
vous **avez**
ils ou elles **ont**

Savoir faire

- Comme tous les verbes, **être** et **avoir** s'accordent avec le sujet.

   Le skieur **a** des skis. Les skieurs **ont** des skis.
   La patineuse **est** sur des patins. Les patineuses **sont** sur des patins.

Infos parents

- Dès le CP, il est important que **les enfants mémorisent l'orthographe des verbes *être* et *avoir* au présent** qui sont très fréquemment utilisés, notamment comme auxiliaires au passé composé.

S'entrainer

1 * Entoure le verbe *être* et souligne le verbe *avoir*.

a. Je suis une sportive.
b. J'ai un ballon en mousse.
c. Tu as des palmes.
d. Nous sommes des surfeuses.
e. Vous êtes en short.
f. Les élèves sont en jogging, ils vont faire du sport.

2 ** Relie le sujet au verbe.

Je • • sont contentes.
Les danseuses • • est contente.
Vous • • a chaud.
Le surfeur • • suis content.
La joueuse de tennis • • ont chaud.
Les joueurs de football • • êtes contents.

3 *** Écris le verbe *être* ou le verbe *avoir* au bon endroit.

sommes – avons – est – a

Le stade .... presque plein, la compétition va commencer. La championne de saut en hauteur .... l'air en forme. Au lancer de disque, nous .... des costauds. Nous .... vraiment contents de voir tous ces sportifs.

EXO JEU Combien de fois trouve-t-on les verbes *être* et *avoir* dans ce texte ? Entoure la bonne réponse.

Je suis à la neige avec mon cousin, nous partons faire de la luge. Comme moi, il a mis son casque et ses gants. Nous sommes prêts à glisser. « J'ai un peu peur ! » dit-il. « Ne t'inquiète pas, nous allons bien nous amuser. » 1, 2, 3, c'est parti. Youpi, nous avons réussi !

être   a. 2   b. 3   c. 4
avoir   a. 2   b. 3   c. 4

Bravo ! Maintenant, tu sais employer les verbes *être* et *avoir* au présent.

Corrigés p. 17
GUIDE PARENTS

63

Grammaire/Orthographe
30 La phrase

Pour comprendre

Savoir

■ **La phrase est une suite de mots qui a un sens.**
Elle commence par une majuscule et se termine par un point.

Le dragon mange le prince.

■ **On peut utiliser dans une phrase :**
– une virgule (,)
– un point (.)
– un point d'interrogation (?).

■ **Il existe des phrases négatives.**

Le dragon ne mange pas le prince.

Savoir faire

■ **Mets une majuscule :**
– au début d'une phrase : *Le prince a une épée magique.*
– au début d'un nom propre : *Le prince s'appelle Jean.*

Infos parents

■ **Au CP, les enfants ont encore beaucoup de mal à écrire un texte** ; il faut cependant leur montrer qu'un texte est composé de phrases.
■ **Il est important d'employer les bons termes** qui seront bien sûr enrichis et développés les années suivantes.

S'entrainer

1 * Remets les mots dans l'ordre et écris les phrases.

a. | aime | Julie | lire. |

....

b. | les | histoires | adore | Elle | de | princesses. |

....

2 ** Relie les mots pour reconstituer les phrases.

a. Le dragon •   • arrive •   • prisonnière.
b. Le prince •   • est •   • le château.
c. La princesse •   • garde •   • sur son cheval.

3 *** Entoure la phrase qui veut dire le contraire.

a. Le prince combat le dragon.

Le prince ne combat pas le dragon.
Le prince mange du saucisson.

b. La princesse et le prince se sauvent sur le cheval.

La princesse et le prince jouent à chat perché.
La princesse et le prince ne se sauvent pas sur le cheval.

EXO JEU 📝 Écris une phrase qui illustre le dessin sur ton ardoise.

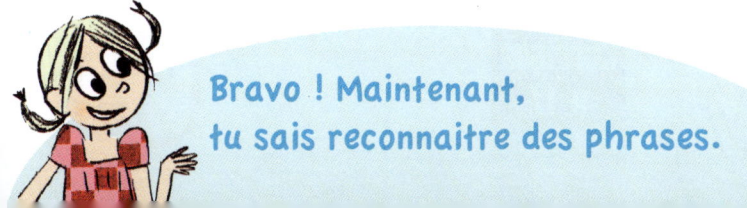

Bravo ! Maintenant, tu sais reconnaitre des phrases.

Corrigés p. 17 GUIDE PARENTS

65

Bilan — Les sons

Distinguer des sons (1)

1 Quel est le mot dans lequel on entend (o) ?

a. ☐ jaune   b. ☐ pou   c. ☐ toit   .../1

2 Quel est le mot qui ne contient pas le son (i) ?

a. ☐ boite   b. ☐ pile   c. ☐ bio   .../1

3 Quel est le mot qui ne contient pas le son (u) ?

a. ☐ menu   b. ☐ poule   c. ☐ une   .../1

4 Quel est le mot dans lequel on entend (a) ?

a. ☐ maison   b. ☐ cage   c. ☐ manger   .../1

5 Quel est le mot dans lequel on entend (n) ?

a. ☐ maman   b. ☐ pont   c. ☐ banane   .../1

6 Choisis la lettre qui manque.

une ....otte

a. ☐ b   b. ☐ d   c. ☐ p   .../1

7 Quel est le mot qui ne contient pas le son (é) ?

a. ☐ nez   b. ☐ pommier   c. ☐ reine   .../1

8 Quel est le mot qui ne contient pas le son (è) ?

a. ☐ paquet   b. ☐ les   c. ☐ fête   .../1

9 Choisis la lettre qui manque.

une ....ue

a. ☐ r   b. ☐ l   c. ☐ t   .../1

10 Quel est le mot dans lequel on n'entend pas (t) ?

a. ☐ rat   b. ☐ but   c. ☐ tomate   .../1

Corrigés p. 17 — GUIDE PARENTS

TOTAL ..../10

Distinguer des sons (2)

1 Quel est le mot dans lequel on entend s ?

a. ☐ rose   b. ☐ leçon   c. ☐ caravane   …./1

2 Quel est le mot dans lequel on entend z ?

a. ☐ vase   b. ☐ salade   c. ☐ pas   …./1

3 Quel est le mot qui ne contient pas le son an ?

a. ☐ pente   b. ☐ canapé   c. ☐ rampe   …./1

4 Quel est le mot dans lequel on entend k ?

a. ☐ cerise   b. ☐ chocolat   c. ☐ piscine   …./1

5 Quel est le mot dans lequel on entend g ?

a. ☐ cage   b. ☐ dragée   c. ☐ guitare   …./1

6 Choisis la lettre qui manque.

une ………ache

a. ☐ v   b. ☐ p   c. ☐ w   …./1

7 Quel est le mot dans lequel on entend j ?

a. ☐ nage   b. ☐ garde   c. ☐ gouter   …./1

8 Quel est le mot dans lequel on entend ch ?

a. ☐ clé   b. ☐ herbe   c. ☐ chat   …./1

9 Quel est le mot qui ne contient pas le son y ?

a. ☐ fille   b. ☐ ville   c. ☐ abeille   …./1

10 Quel est le mot qui ne contient pas le son gn ?

a. ☐ peigne   b. ☐ campagne   c. ☐ tomate   …./1

TOTAL …./10

Corrigés p. 17 GUIDE PARENTS

Bilan — Lecture / Expression écrite

> **Lire et comprendre une histoire**

Lis ce petit texte (tu peux te faire aider).

La baguette magique

La fée Sornette ne retrouve pas sa baguette magique.
C'est encore Clara Bosse, la vilaine sorcière, qui a dû la lui voler pour transformer un crapaud en prince charmant !
– Vite ! dit Sornette, ma baguette de secours ! Direction la mare du fond des bois !
Au même moment, Clara Bosse s'arrache les cheveux : c'est le quatrième crapaud qu'elle transforme en chameau !
La fée Sornette ne peut s'empêcher de pouffer de rire.
– Rends-moi ma baguette, dit-elle, tu t'y prends comme le manche de mon balai !
Vexée, Clara Bosse disparait et on n'entendit plus jamais parler d'elle. Enfin, presque, car il parait qu'on la voit parfois, à dos de chameau, dans le désert !

1 Comment s'appelle la sorcière ?

a. ☐ Clara Bosse   b. ☐ Carabosse   c. ☐ Sornette

..../1

2 Combien y a-t-il de chameaux près de la mare ?

a. ☐ 2   b. ☐ 3   c. ☐ 4

..../1

3 Réponds par V (vrai) ou F (faux).

a. La sorcière veut transformer un prince charmant en crapaud. ....

b. La fée retrouve la sorcière près de la mare. ....

..../2

4 Chacune des ces phrases est numérotée. Remets-les dans l'ordre de l'histoire et entoure la bonne combinaison.

1. La fée file vers la mare pour trouver la sorcière.
2. La sorcière a volé la baguette de la fée.
3. La sorcière a tout raté ; la fée récupère sa baguette.

a. 2-3-1   **b.** 1-2-3   **c.** 2-1-3

.... /1

Lire un document

Lis ce texte (tu peux te faire aider).

Le dauphin

Le dauphin n'est pas un poisson, c'est un mammifère marin. Cependant, il peut rester 15 minutes sous l'eau sans reprendre d'air.
Le petit dauphin reste avec sa maman pendant deux ans. Il est très joueur et adore s'amuser avec les autres dauphins.

5 Coche les phrases correctes.

a. ☐ Le dauphin est un poisson.
b. ☐ Il aime jouer.
c. ☐ La maman dauphin garde son petit pendant deux ans.

.... /3

6 Le dauphin est un mammifère…

a. ☐ terrien   **b.** ☐ marin   **c.** ☐ aérien

.... /1

7 Pendant combien de temps le dauphin peut-il rester sous l'eau ?

a. ☐ 2 minutes   **b.** ☐ 15 minutes   **c.** ☐ 25 minutes

.... /1

TOTAL .... /10

Corrigés p. 17
GUIDE PARENTS

Bilan — Vocabulaire / Grammaire / Orthographe

Lettres et ordre alphabétique

1 Quelle lettre trouve-t-on après la lettre D ?

a. ☐ B
b. ☐ E
c. ☐ H

…. /1

Les mots étiquettes

2 Trouve le mot étiquette de la liste : merle, pie, mouette, pigeon.

a. ☐ Insecte
b. ☐ Canard
c. ☐ Oiseau

…. /1

Reconnaitre une phrase

3 Quelle est la phrase correctement écrite ?

a. ☐ lion dans
b. ☐ le chat est malade
c. ☐ Le chien joue avec une balle.

…. /1

4 Termine la phrase avec le mot qui convient.

La poule pond…
a. ☐ un œuf.
b. ☐ une table.
c. ☐ un lapin.

…. /1

Retrouver les classes de mots

5 Dans cette phrase, combien y a-t-il de verbes ?

La vache marche dans le pré, elle mange de l'herbe et des fleurs.

a. ☐ 1
b. ☐ 2
c. ☐ 3

…. /1

Reconnaitre le masculin et le féminin

6 Voici une phrase :

Le canard et le dindon se battent dans le jardin de la ferme.

Combien y a-t-il de mots masculins dans cette phrase ?

a. ☐ 2   b. ☐ 3   c. ☐ 4

.... /1

7 Trouve l'adjectif qui convient.

Le renard suit la .... poule.
a. ☐ petits   b. ☐ petit   c. ☐ petite

.... /1

Reconnaitre le singulier et le pluriel

8 Voici une liste de mots :

un cochon – grands – une chèvre – le coq – des moutons – la cane – mangent

Combien y a-t-il de mots au singulier ?

a. ☐ 4   b. ☐ 5   c. ☐ 6

.... /1

9 Voici une liste de mots :

une vache – des chevaux – beau – des poussins – les ânes – la souris – dort

Combien y a-t-il de mots au pluriel ?

a. ☐ 2   b. ☐ 3   c. ☐ 4

.... /1

Reconnaitre les verbes *être* et *avoir*

10 Dans ce texte, combien de fois trouve-t-on le verbe *être* ?

Nous sommes au stade, nous avons gymnastique, c'est génial !

être   a. ☐ 1   b. ☐ 2   c. ☐ 3

.... /1

TOTAL .... /10

Corrigés p. 17
GUIDE PARENTS

1 Nombres
Lire et écrire jusqu'à 10

Pour comprendre

« 1, 2, 3, 4, 5, 6, 7, 8, 9, 10 ! »

« Et bien moi, je peux aussi compter jusqu'à 10 sur mes orteils ! »

Savoir

- Un **nombre** représente une **quantité**.

| 0 zéro | 1 un | 2 deux | 3 trois | 4 quatre |

| 5 cinq | 6 six | 7 sept |

| 8 huit | 9 neuf | 10 dix |

Savoir faire

- **Pour écrire un nombre,** tu peux utiliser :

un **chiffre** : 6   un **mot** : six   une **quantité** :

- Continue comme sur le modèle :

1   2   3
un   deux   trois

Infos parents

- Nous écrivons les nombres à partir des 10 chiffres : 0, 1, 2, 3, 4, 5, 6, 7, 8 et 9. 4 et 2 sont des chiffres alors que 42 est un nombre composé de deux chiffres.
- Votre enfant doit associer les nombres (abstraits) aux quantités (concrètes) avec des dés ou des dominos, par exemple. La reconnaissance d'une quantité doit lui devenir automatique.

S'entrainer

1 * Combien y a-t-il de brosses à dents ? Entoure la bonne réponse.

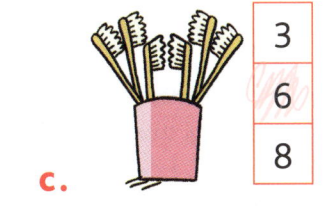

a. 3 / 4 / 6

b. 2 / 4 / 6

c. 3 / 6 / 8

2 ** Colorie de la même couleur les étiquettes et les dominos d'un même nombre.

six   neuf   5   huit   9

cinq   8   6

3 *** Dessine ou barre.

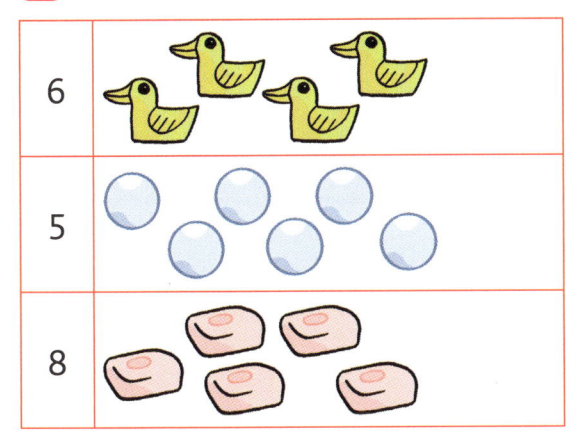

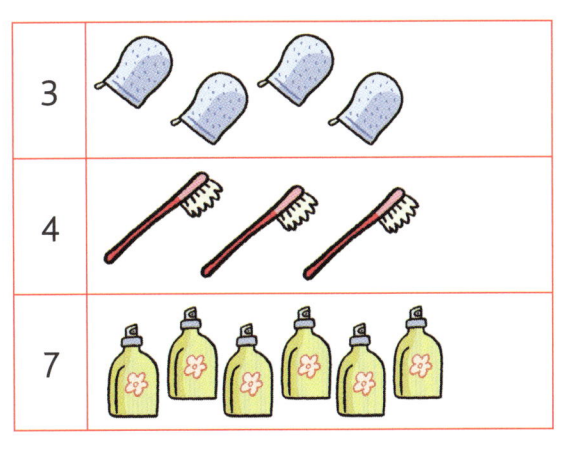

6	(canards)
5	(bulles)
8	(savons)

3	(gants)
4	(brosses à dents)
7	(flacons)

EXO JEU Écris les nombres qui manquent dans la suite numérique.

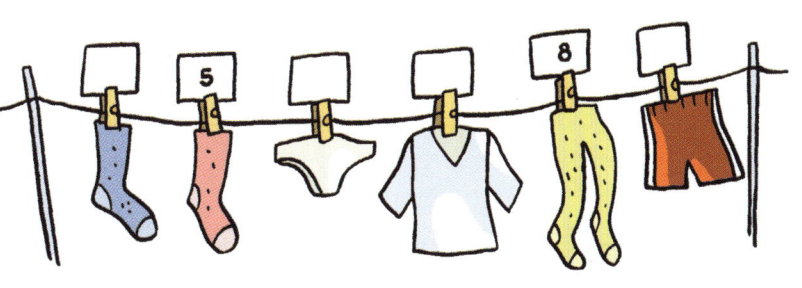

5   8

Bravo ! Maintenant, tu sais lire et écrire les nombres jusqu'à 10.

Corrigés p. 17

2 Nombres
Comparer des nombres et des collections

Pour comprendre

Moi, j'ai plus de billes que toi !

Oui, mais tu n'en as pas autant que ma grande sœur !

Tu parles ! Ta grande sœur en a moins que mon grand frère !

Tu es énervante à tout comparer !

Savoir

- On compare deux collections.
Il y a **plus** de billes **bleues**.
Il y a **moins** de billes **rouges**.

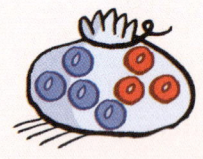

- On range les nombres du plus petit au plus grand.

| 0 | 1 | 2 | 3 | 4 | 5 | 6 | 7 | 8 | 9 |

Savoir faire

- Tu compares 2 nombres avec des signes.

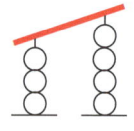

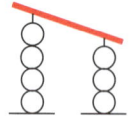

3 < 4
3 est **plus petit que** 4

4 > 3
4 est **plus grand que** 3

- S'il y a **autant** d'objets dans 2 collections, utilise le signe **=**.

3 = 3

- Continue comme sur le modèle :

4   5   6

quatre   cinq   six

Infos parents

- **Votre enfant est ici amené à comparer des quantités :** c'est une approche de la notion de nombre. Il est également préparé à aborder les symboles <, > et =.

S'entrainer

1 * Relie chaque cartable à chaque casquette.

Y a-t-il autant de cartables que de casquettes ? oui — non

2 ** Colorie les pots qui ont autant de feutres que le modèle.

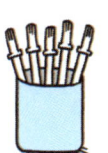

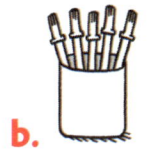

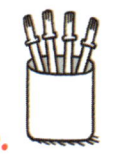

a.   b.   c.   d.   e.

3 ** Dessine plus de billes que d'images.

Complète : … > …

4 *** Écris <, > ou =.

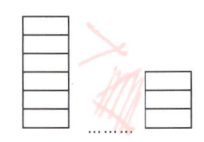

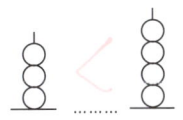

6 … 8   3 … 1

EXO JEU Le sac rose contient plus de billes que le sac bleu, mais moins de billes que le sac vert.
Dessine les billes qui manquent et écris leur nombre (5 – 3 – 4).

Bravo ! Maintenant, tu sais comparer des nombres et des collections.

Corrigés p. 17

3 — Nombres
Décomposer les nombres jusqu'à 10

Pour comprendre

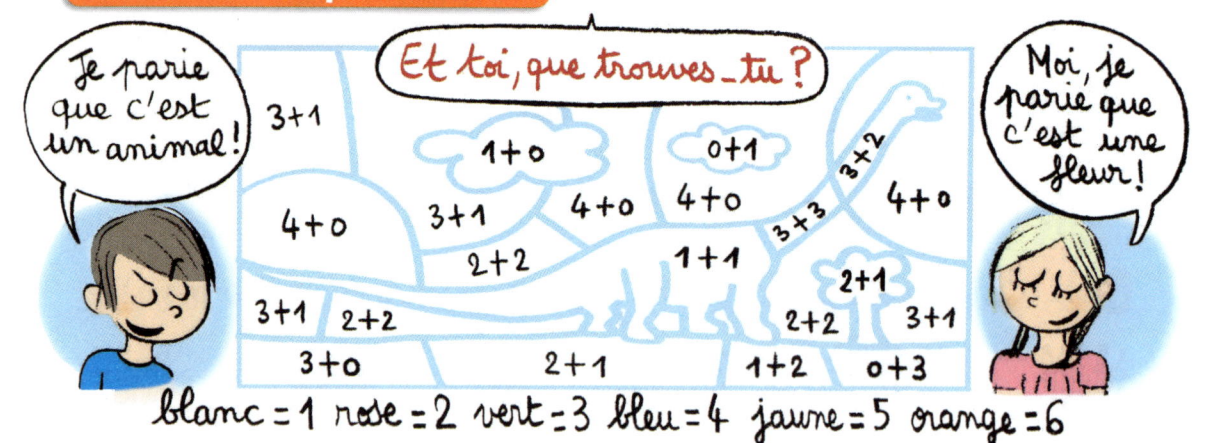

Je parie que c'est un animal !

Et toi, que trouves-tu ?

Moi, je parie que c'est une fleur !

3+1, 1+0, 0+1, 3+2
4+0, 3+1, 4+0, 4+0, 3+3, 4+0
2+2, 1+1, 2+1
3+1, 2+2, 2+2, 3+1
3+0, 2+1, 1+2, 0+3

blanc = 1   rose = 2   vert = 3   bleu = 4   jaune = 5   orange = 6

Savoir

- Un nombre peut se **décomposer**.

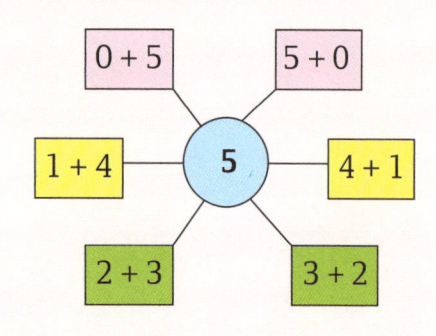

5 : 0+5, 5+0, 1+4, 4+1, 2+3, 3+2

10 :
10 + 0	0 + 10
9 + 1	1 + 9
8 + 2	2 + 8
7 + 3	3 + 7
6 + 4	4 + 6
5 + 5	

Savoir faire

- Tu peux aussi comparer des décompositions.

$3 + 3 = 6$ $5 + 1 > 4$ $3 + 3 < 4 + 3$

- Continue comme sur le modèle :

7 — sept   8 — huit   9 — neuf

Infos parents
- Les nombres ont des écritures différentes : l'écriture additive en est une.

S'entrainer

1 * Redessine les pétales manquants.

2 ** Colorie toutes les écritures de 9.

| 9 + 0 | 5 + 3 | 5 + 4 | 4 + 5 | 4 + 3 |
| 8 + 2 | 7 + 2 | 8 + 1 | 6 + 3 | 2 + 7 |

3 ** Complète les bulles.

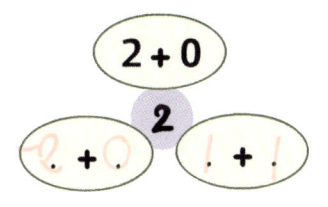

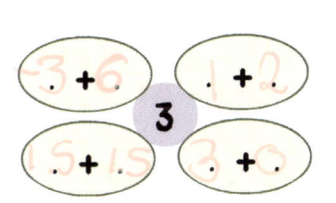

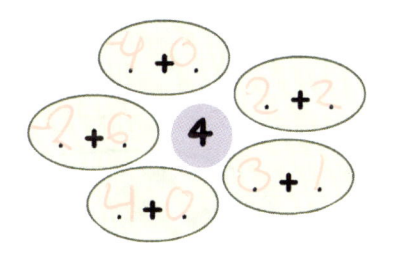

2 + 0 → 2
. + . , . + .

. + . , . + . → 3 , . + .
. + . , . + .

. + . , . + . , . + . → 4 , . + .
. + . , . + .

4 *** Complète avec =, >, <.

2 + 1 = 3   4 + 4 < 4 + 5
2 + 2 < 5   6 + 1 = 3 + 4
3 + 2 < 6   7 + 1 > 4 + 4

EXO JEU Colorie de la même couleur les fleurs qui portent le même nombre.

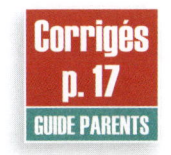

6 + 1   3 + 2   5 + 0   2 + 5   3 + 4

Bravo ! Maintenant, tu sais décomposer les nombres jusqu'à 10.

Corrigés p. 17

4 Nombres
Grouper par 10

Pour comprendre

Quelle foule !
Combien sont-ils ?
On se range par 10, c'est plus facile pour compter.

Savoir

• Pour compter une grande collection, on peut faire des **groupements par 10** : ce sont des **dizaines**.

• Dans une **dizaine**, il y a **10 unités**.

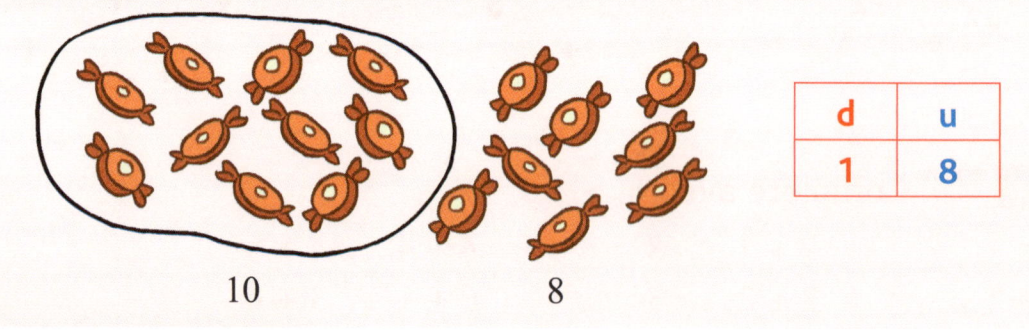

d	u
1	8

10   8

Savoir faire

• Pour représenter la quantité d'un nombre :

23 : ce nombre a **2 dizaines** et a **3 unités**.

les dizaines   d u   les unités

2 3

• Continue comme sur le modèle :

10   dix

Infos parents

• **La compréhension des dizaines** est le point le plus important du programme du CP.

• **Lorsque les enfants abordent le système décimal** (qui procède par 10), ils font souvent cette erreur : 56 = 5 + 6.

S'entrainer

1 * Regroupe ces objets par 10 et complète.

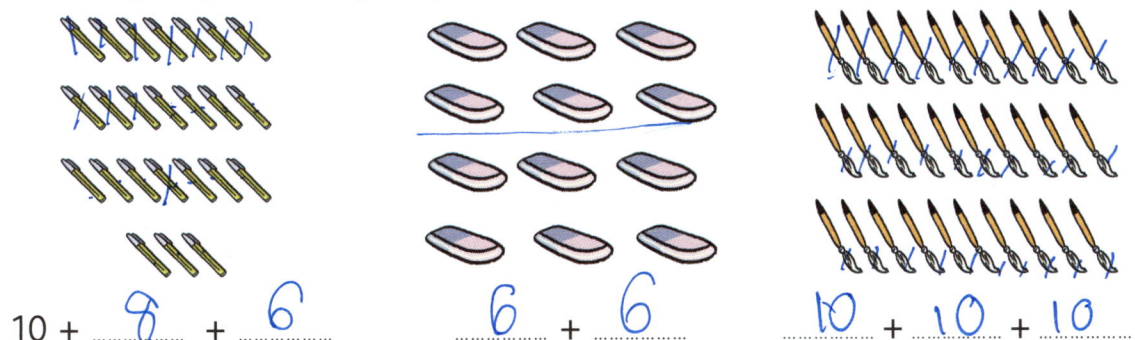

10 + ...8... + ...6...   ...6... + ...6...   ...10... + ...10... + ...10...

2 ** Fais des paquets de 10 cahiers et complète.

d	u
2	2

Il y a .... paquets de 10 cahiers et .... cahiers qui restent.

3 *** Dessine le nombre de ballons demandés.

12	d	u
	1	2

21	d	u
	2	1

EXO JEU Qui peut acheter quoi ? Relie.

Zoé   Léa   Léon

Léa — 31 €
Zoé — 21 €
Léon — 23 €

Bravo ! Maintenant, tu sais grouper par 10.

5 — Nombres

Connaitre les nombres de 10 à 19

Pour comprendre

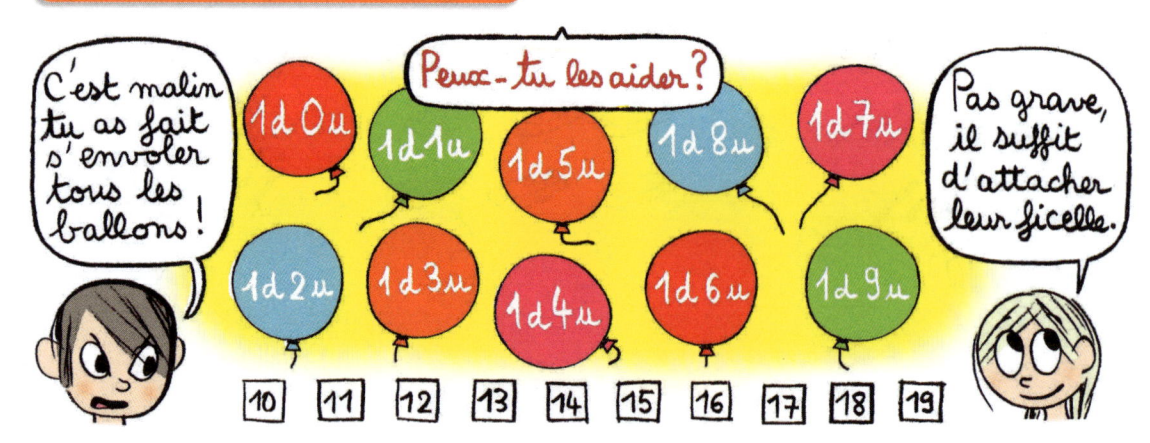

C'est malin tu as fait s'envoler tous les ballons !

Peux-tu les aider ?

Pas grave, il suffit d'attacher leur ficelle.

Ballons : 1d 0u, 1d 1u, 1d 5u, 1d 8u, 1d 7u, 1d 2u, 1d 3u, 1d 4u, 1d 6u, 1d 9u

10 11 12 13 14 15 16 17 18 19

Savoir

- Les nombres de 10 à 19 s'écrivent avec 1 **dizaine** et des **unités**.

10		1 d	10 + 0	dix
11	.	1 d + 1 u	10 + 1	onze
12	..	1 d + 2 u	10 + 2	douze
13	...	1 d + 3 u	10 + 3	treize
14	....	1 d + 4 u	10 + 4	quatorze

15	.....	1 d + 5 u	10 + 5	quinze
16	......	1 d + 6 u	10 + 6	seize
17	....	1 d + 7 u	10 + 7	dix-sept
18	....	1 d + 8 u	10 + 8	dix-huit
19	....	1 d + 9 u	10 + 9	dix-neuf

Savoir faire

- Pour bien te rappeler les nombres et leur écriture :

12 = douze = 1 d + deux u   13 = treize = 1 d + trois u
14 = quatorze = 1 d + quatre u   15 = quinze = 1 d + cinq u
16 = seize = 1 d + six u

- Continue comme sur le modèle :

onze   douze   treize
quatorze   quinze   seize

Infos parents

- Passée la difficulté des nombres terminés par le son « ze » (onze jusqu'à seize), vous pouvez, par exemple, faire remarquer à votre enfant que 18 se prononce « dix-huit » car il est composé de 10 + 8 : d'une dizaine et de huit unités.

S'entrainer

1 * ✏️ Remets les numéros des peluches du plus petit au plus grand. Utilise ton ardoise.

13   15   18   12   17

2 ** Colorie d'une même couleur les différentes écritures du même nombre.

13	9 + 9	1 d et 3 u	dix-sept	10 + 3
8 + 9	treize	17	1 d et 8 u	8 + 10
1 d et 7 u	18	dix-huit	6 + 7	7 + 10

3 ** Dessine les billets de 10 € et les pièces de 1 €.

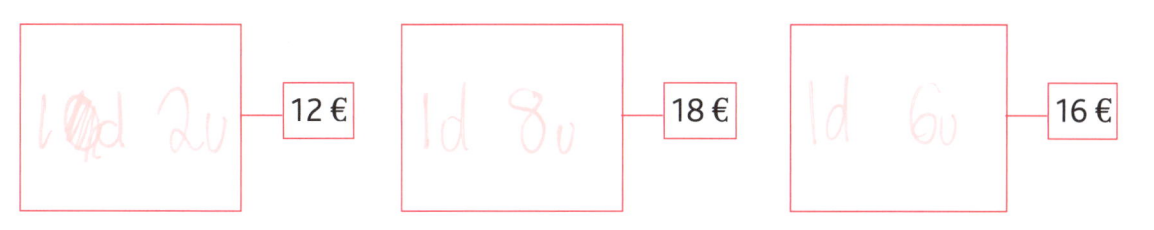

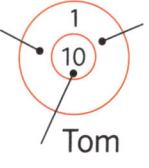

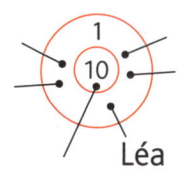

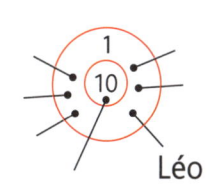

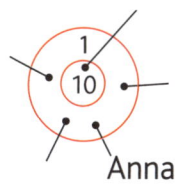

| 1 d 2 u | — 12 € | 1 d 8 u | — 18 € | 1 d 6 u | — 16 € |

4 *** Compare les nombres et les écritures en utilisant < (plus petit que) ou > (plus grand que) :

8 < 11   12 < 18   14 > 13   17 > 9

10 + 5 > 12   10 + 6 > 10 + 2   10 + 5 < 10 + 9

EXO JEU Qui a gagné ?

Tom   Léa   Léo   Anna

Bravo ! Maintenant, tu connais les nombres jusqu'à 19.

Corrigés p. 18

6 Nombres
Connaitre les nombres de 20 à 59

Pour comprendre

Le gagnant est... le 42 !
J'ai gagné !
J'ai gagné !
Qui a raison ?

Savoir

À l'écrit, on met un tiret entre la dizaine et l'unité : *cinquante-trois*.

20 vingt 10 + 10 = **2 d** 21 22 23 24 25 26 27 28 29	Les nombres de 20 à 29 ont **2 dizaines**.
30 trente 10 + 10 + 10 = **3 d** 31 32 33 34 35 36 37 38 39	Les nombres de 30 à 39 ont **3 dizaines**.
40 quarante 10 + 10 + 10 + 10 = **4 d** 41 42 43 44 45 46 47 48 49	Les nombres de 40 à 49 ont **4 dizaines**.
50 cinquante 10 + 10 + 10 + 10 + 10 = **5 d** 51 52 53 54 55 56 57 58 59	Les nombres de 50 à 59 ont **5 dizaines**.

Savoir faire

• Ne confonds pas certains nombres :
24 = **2 d** + **4 u** ➜ famille de **vingt**
42 = **4 d** + **2 u** ➜ famille de **quarante**
Compare d'abord les **dizaines** (d) : 42 > 24

• Continue comme sur le modèle :

vingt   *trente*
quarante   *cinquante*

Infos parents

• **Pour entrainer votre enfant à la lecture instantanée des nombres,** lisez à tour de rôle des nombres choisis au hasard dans la rue, dans un livre (vous pouvez aussi donner à votre enfant un numéro de page qu'il doit retrouver) ou en jouant au loto. Veillez à ce qu'il repère rapidement le chiffre des dizaines.

S'entrainer

1 * Relie les écritures correspondantes.

21	quarante-six	20 + 1
38	vingt-et-un	50 + 2
46	cinquante-deux	30 + 8
52	trente-huit	40 + 6

2 ** Complète les étiquettes pour que les nombres se suivent.

| 21 | 22 | 23 |
| 48 | 49 | 50 |

| 32 | 30 | 31 |
| 57 | 58 | 59 |

| 34 | 35 | 36 |
| 53 | 54 | 55 |

3 ** Complète le tableau.

36	3 d et 6 u	10 + 10 + 10 + 6
45	4 d et 5 u	10+10+10+10+5
22	2 d 2 u	10 + 10 + 2

4 *** Entoure le nombre correspondant à la somme d'argent.

37 € trente-sept
39 € trente-neuf

EXO JEU Trace le chemin en coloriant les nombres qui se suivent du plus petit au plus grand.

53	21	57	32	40	41	4	11	54	55
27	38	23	39	39	42	43	35	53	22
28	29	43	20	38	40	44	51	52	10
44	30	33	34	37	46	45	50	36	59
52	31	32	35	36	47	48	49	57	8

Bravo ! Maintenant, tu connais les nombres de 20 à 59.

Corrigés p. 18

7 — Nombres

Connaitre les nombres de 60 à 99

Pour comprendre

Grand-mère a 66 ans !

Tu te trompes, elle a 76 ans !

Observe les bougies et entoure le cadeau qui convient.

Savoir

60	soixante	10 + 10 + 10 + 10 + 10 + 10
70	soixante-dix	60 + 10
80	quatre-vingts	70 + 10 ou 20 + 20 + 20 + 20
90	quatre-vingt-dix	80 + 10

Attention ! Ne confonds pas quatre-vingt-deux et quatre-vingt-douze (82 ≠ 92).

Savoir faire

● **Pour écrire un nombre d'une autre manière :**
60 peut aussi s'écrire :
30 + 30 = 6 d   40 + 20 = 6 d   50 + 10 = 6 d

● Continue comme sur le modèle :

soixante-dix

quatre-vingt-dix

Infos parents

● **Les passages de 69 à 70, de 79 à 80 et de 89 à 90** posent parfois quelques difficultés.
● **Pour éviter toute confusion,** vous pouvez demander à votre enfant s'il y a 6 ou 7 dizaines dans 72, 8 ou 9 dizaines dans 94, etc.

S'entrainer

1* Écris en lettres ou en chiffres.

82 : quatre-vingt-deux   quatre-vingt-sept : 87
76 : soixante-seize   soixante-sept : 67
67 : soixante-sept   quatre-vingt-treize : 93
92 : quatre-vingt-douze   soixante-dix-sept : 77

2* Complète ce carton de loto en y rangeant les nombres de la liste du plus petit au plus grand.

16 – 37 – 59 – 23 – 48 – 52 – 84 – 69 – 98 – 86 – 72 – 25 – 43 – 34

5									
8									

3 ** Encadre chaque nombre entre 2 dizaines : 60 < 62 < 70.

60 < 69 < 70   ... < 73 < ...   ... < 88 < ...

4 ** Complète le tableau.

	74	78	72	96	99
60 + 14		70+8	60+12	80+16	80+19
70 + 4		60+18	70+2	90+6	90+9

5 *** 📝 Calcule.

a. 50 + 10 + 2 = 62

b. 30 + 10 + 30 + 8 = 78

EXO JEU Devinette.
Je suis entre 60 + 15 et 7 d + 7 u. Qui suis-je ? _____

Bravo ! Maintenant, tu connais les nombres jusqu'à 99.

Corrigés p. 18
GUIDE PARENTS

8 Calculs
Utiliser l'addition

Pour comprendre

Combien j'ai dans mon portemonnaie ?

Facile, tu as 10 + 2 + 1 = 13 € !

Savoir

- On utilise l'addition :

– pour trouver une **somme** :

10 € + 2 € + 1 € = 13 €

On réunit alors deux ou plusieurs quantités.

– pour avancer sur une droite numérique :

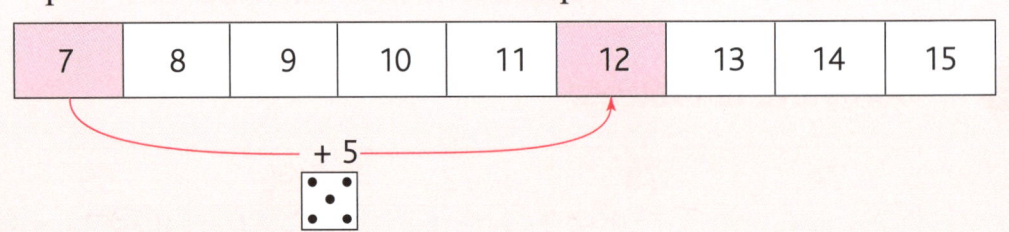

| 7 | 8 | 9 | 10 | 11 | 12 | 13 | 14 | 15 |

+ 5

Savoir faire

- **Lorsque tu additionnes**, tu **ajoutes** un nombre à un autre.
- **Pour écrire cette opération**, tu utilises les signes **+** et **=**.
Le résultat est toujours **plus grand** que chacun des nombres.

$$7 + 5 = 12$$
$$12 > 7 \quad \text{et} \quad 12 > 5$$

Infos parents : Votre enfant doit d'abord bien reconnaitre les situations dans lesquelles **on utilise l'addition.** Pensez à lui demander à quelle opération il pense quand vous passez à la caisse du supermarché par exemple…

S'entrainer

1 * Répare ces colliers de 10 perles en dessinant les perles qui manquent, puis complète les additions.

1 + ... = 10   ..... + ... = 10   ..... + ... = 10   ..... + ... = 10   ..... + ... = 10

2 ** Complète.

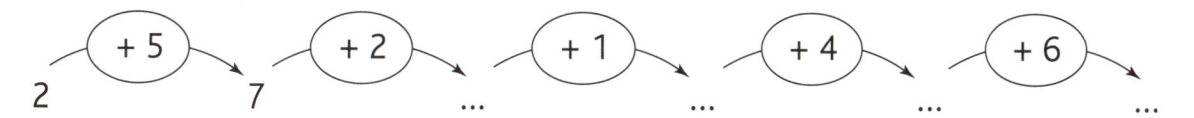

2 →(+ 5)→ 7 →(+ 2)→ ... →(+ 1)→ ... →(+ 4)→ ... →(+ 6)→ ...

3 *** Entoure l'addition qui permet de trouver la bonne réponse.

Ce matin, Thomas avait 8 billes et 5 images. À la récréation, il a gagné 4 billes. Combien de billes a-t-il maintenant ?

8 + 5   8 + 4   5 + 4

4 *** Complète le tableau.

	cantine	étude	total
filles	10	6	
garçons	11	13	
total des élèves			

EXO JEU En partant de 0, j'ai fait + 5, puis + 6, puis + 3.
Colorie la case sur laquelle j'arrive.

| 0 | 1 | 2 | 3 | 4 | 5 | 6 | 7 | 8 | 9 | 10 | 11 | 12 | 13 | 14 | 15 | 16 | 17 |

Bravo ! Maintenant, tu sais utiliser l'addition.

Corrigés p. 18

9 Calculs
Additionner

Pour comprendre

J'ai compris ! On compte de 5 en 5.

10	28	32	41	33	54	61	59
15	20	25	27	57	50	55	60
12	38	30	35	40	45	48	68

Non, de 10 en 10.

Continue pour savoir qui a raison.

Savoir

- On doit connaitre certaines additions **par cœur** :

les doubles	ajouter 1	écritures de 10
2 + 2 = 4	5 + 1 = 6	5 + 5 9 + 1
3 + 3 = 6	6 + 1 = 7	6 + 4 8 + 2
4 + 4 = 8	8 + 1 = 9	7 + 3 10 + 0

- On additionne toujours :
  – les **unités** avec les **unités**,
  – les **dizaines** avec les **dizaines**.

$$45 + 3 = 48$$
$$45 + 10 = 55$$

Savoir faire

- **Pour calculer rapidement**, utilise les **arbres**.

③ + ⑦ + ④ + ② + ⑧ → retrouve les **dizaines**
⑩ + ④ + ⑩ = 24

㉚ + ③ + ④ + ㉚ + ① → les **dizaines** avec les **dizaines**,
㊿ + ⑧ = 68   les **unités** avec les **unités**

Infos parents

- **Votre enfant aborde ici le calcul mental**, qui devra plus tard être automatique.
- **Il commence aussi à résoudre des problèmes.** Au quotidien, n'hésitez pas à lui en proposer en mettant la table, en suivant une recette de cuisine, en faisant les courses… Résoudre des problèmes permet à votre enfant de donner du sens à l'opération qu'il va utiliser.

S'entrainer

1 * Calcule rapidement :

a. 40 + 12 = ……… **b.** 56 + 3 = ……… **c.** 56 + 20 = ………

2 ** 📝 Sur ton ardoise, calcule en utilisant un arbre.

30 + 3 + 10 + 40 + 5   3 + 4 + 6 + 8 + 2

3 *** 📝 Résous le problème.

À la fête foraine, Théo a gagné 4 peluches. Clara, sa sœur, en a gagné le double. **a.** Combien Clara a-t-elle gagné de peluches ? Pose l'opération sur ton ardoise.
b. Combien de peluches Théo et Clara rapporteront-ils à la maison ? Pose l'opération sur ton ardoise.

EXO JEU Parmi toutes les étiquettes, une seule peut faire gagner un vélo ! Pour la trouver :
– colorie en **bleu** toutes les étiquettes qui valent **12**,
– colorie en **vert** toutes les étiquettes qui valent **24**,
– colorie en **jaune** toutes les étiquettes qui valent **38**.
Tu verras alors l'étiquette gagnante : elle est entourée d'étiquettes vertes.

5 + 5	6 + 6	deux	30 + 8	24 + 14
10 + 9	1 + 10 + 1	18 + 6	12 + 12	3 + 21
11 + 1	4 + 8	11	10 + 10 + 4	16	10 + 14
25 + 13	10 + 8 + 20	22 + 2	20 + 4	23 + 1
24 + 0	dix	17 + 11	douze	21	7 + 7
5 + 6	sept	12 + 10	4 + 30 + 4	18 + 1	3 + 9

Bravo ! Maintenant, tu sais additionner.

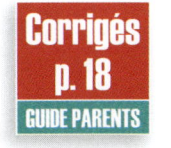

Corrigés p. 18

10 Calculs
Poser une addition

Pour comprendre

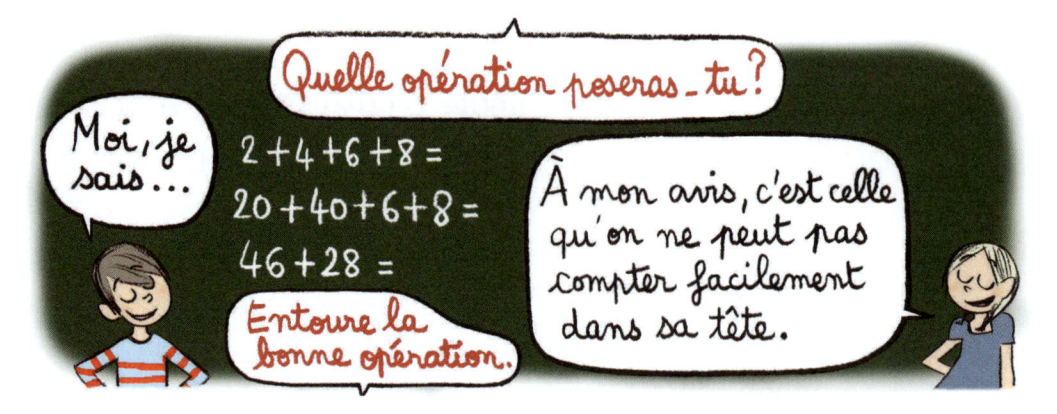

Moi, je sais...

Quelle opération poseras-tu ?

2 + 4 + 6 + 8 =
20 + 40 + 6 + 8 =
46 + 28 =

Entoure la bonne opération.

À mon avis, c'est celle qu'on ne peut pas compter facilement dans sa tête.

Savoir

- Lorsqu'on pose une **addition**, on aligne les chiffres en **colonnes**.
- Il faut bien faire attention à :
  – toujours mettre les **unités** sous les **unités**,
  – toujours mettre les **dizaines** sous les **dizaines**,
  – toujours commencer par additionner les **unités**.

d	u
2	6
+1	2
	8

d	u
2	6
+1	2
3	8

26 + 12 = 38

Savoir faire

- **Pour poser une addition avec une retenue :**
  – additionne les **unités** ;
  – si la somme est supérieure ou égale à 10, tu retiens une nouvelle **dizaine** que tu reportes dans la colonne des **dizaines** : c'est une retenue ;
  – tu additionnes ensuite les **dizaines** sans oublier celle que tu as retenue.

①
 2 4
+1 8
   2

①
 2 4
+1 8
①4 2

Infos parents

- **La maîtrise de la notion de dizaine est essentielle** pour acquérir la technique de l'addition avec retenue.
- **Pour aider votre enfant à bien poser les opérations en colonne,** demandez-lui d'utiliser les lignes et les carreaux de son cahier. Vérifiez également qu'il n'oublie pas de compter sa retenue.

S'entrainer

1* Relie ces additions à leur résultat.

```
  6 2        6 0        2 6        4 9
+ 2 4      + 3 5      + 4 2      + 5 0
```

| 95 | 36 | 68 | 85 | 99 | 86 |

2** Pose les additions en colonne, écris les dizaines en rouge et les unités en bleu, puis calcule.

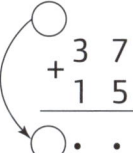

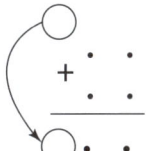

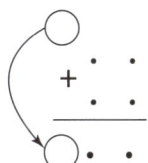

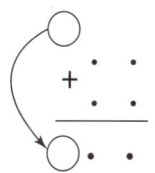

37 + 15 =   82 + 9 =   56 + 36 =   26 + 74 =

```
  3 7
+ 1 5
```

3* Résous le problème.

a. Adam a 38 images de foot. Il en gagne 11 dans la cour. Combien a-t-il d'images en tout ? Pose l'opération et réponds sur ton ardoise.

b. Son ami, Oscar, dit qu'il a 12 images de plus que lui. Combien d'images a Oscar ? Pose l'opération et réponds sur ton ardoise.

EXO JEU Complète cette grille de nombres croisés. Fais tes calculs sur ton ardoise.

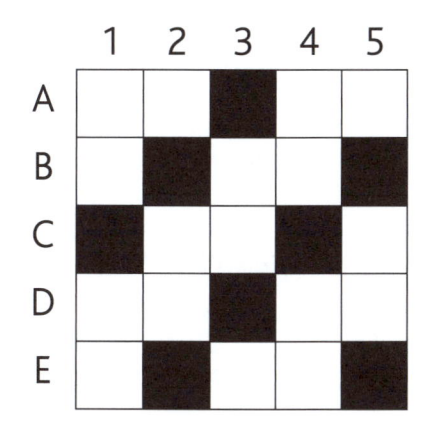

Horizontalement :
- **A.** 25 + 16 = … / 89 + 9 = …
- **B.** 75 + … = 80 / 55 + 7 = …
- **C.** 18 + 6 = … / 49 + … = 56
- **D.** 16 + 17 = … / 15 + 15 + 25 = …
- **E.** 50 + … = 56 / 39 + 9 = …

Verticalement :
- **1.** 15 + 15 + 15 = … / 29 + 7 = …
- **2.** 9 + … = 10 / 6 + 17 = …
- **3.** 29 + 35 = … / … + 18 = 22
- **4.** 89 + 3 = … / 25 + 25 + 8 = …
- **5.** 90 + … = 98 / 57 + 18 = …

Bravo ! Maintenant, tu sais poser une addition.

Corrigés p. 19

11 Calculs
La soustraction

Pour comprendre

Regarde, j'ai 5 bonbons !

Je vais te faire un tour de magie. Ferme les yeux !

Abracadabra... Et voilà !

Il n'en reste plus que 3 ! 2 ont disparu ! Comment as-tu fait ?

À ton avis ?

Savoir

● Lorsqu'on veut calculer un **manque**, une **différence**, lorsqu'on veut **reculer** ou **enlever**, on utilise une **soustraction**.

● Le signe utilisé est le « moins » : –

$5 - 2 = 3$

La différence entre 5 et 3, c'est 2.

Il manque 2 à 3 pour arriver à 5.

| 1 | 2 | 3 | 4 | 5 | 6 | 7 | 8 | 9 | 10 |

-2

Savoir faire

Pour bien écrire une soustraction :

● Dans une soustraction, on écrit le plus grand nombre devant et le plus petit derrière : $5 - 2$

● Le résultat est toujours **plus petit** que le plus grand nombre.

$5 - 2 = 3$ $3 < 5$

Infos parents

● **La maîtrise de la technique opératoire de la soustraction** dépend à la fois de la compréhension du système décimal (1 dizaine = 10 unités) et de la connaissance de la table d'addition.

● **La soustraction sera développée au CE1.**

S'entrainer

1 * Complète.

| +10 | +• | +• | +• | +• | +• | +• |

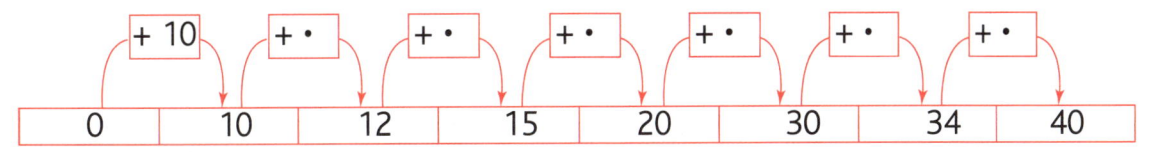

0 — 10 — 12 — 15 — 20 — 30 — 34 — 40

2 * Complète.

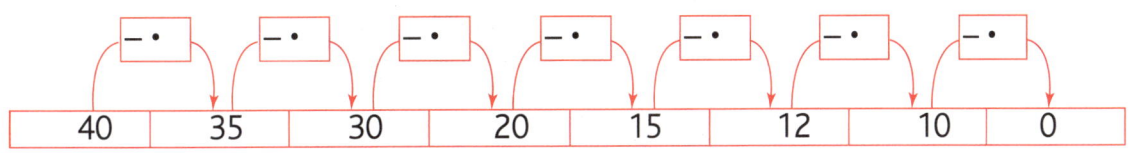

| −• | −• | −• | −• | −• | −• | −• |

40 — 35 — 30 — 20 — 15 — 12 — 10 — 0

3 ** Calcule rapidement.

5 + ... = 10   8 + ... = 10   10 + ... + 8 = 28

4 *** Entoure le problème qui utilise la soustraction, puis résous-le.

a. Ce matin, Thomas avait 8 bonbons et 5 sucettes. À la récréation, il a donné 4 bonbons. Combien a-t-il de bonbons maintenant ?

b. Clara a acheté 1 ours en guimauve, 3 caramels, 2 berlingots et 2 réglisses. Combien de bonbons a-t-elle achetés ?

EXO JEU Entoure l'opération qui convient pour chaque problème.

a. À la confiserie, Zoé a acheté 3 sucres d'orge et 6 crocodiles pour un total de 4 euros avec son billet de 10 euros. Combien lui reste-t-il ?

| 3 + 6 + 4 + 10 | | 10 − 4 | | 10 − 9 |

b. Emma a 8 sucettes à la fraise. Léo en a acheté 6 au citron.
Il en a mangé 4 et en donne 1 à Emma.

Combien de sucettes a Emma ? | 8 + 4 | | 8 + 1 | | 8 − 1 |

Combien de sucettes a Léo ? | 6 − 4 − 1 | | 6 − 4 | | 6 + 4 − 1 |

Bravo ! Maintenant, tu sais soustraire !

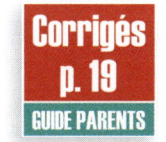

Corrigés p. 19
GUIDE PARENTS

12 Grandeurs et mesures
Lire l'heure

Pour comprendre

Mais qu'est-ce que tu fais devant l'école à cette heure-ci ?

Bah, je crois que je me suis trompé d'heure !

Savoir

- Un **jour** comporte **24 heures** : il y a les heures du matin (de 0 à 12 h) et les heures de l'après-midi ou du soir (de 13 à 24 h).
- Une **heure** comporte **60 minutes**.
- Une **demi-heure** compte **30 minutes**.

Savoir faire

- Sur un cadran de pendule,

La petite aiguille indique les heures.

La grande aiguille indique les minutes.

Il est 2 heures.
La grande aiguille est sur le 12 et la petite aiguille est sur le 2.

Il s'est écoulé 30 minutes. La grande aiguille a parcouru un demi cadran.

Il est 2 h 30.
Il est 2 heures et demie.

Infos parents

- **Une bonne compréhension du temps permet à l'enfant de mieux se projeter dans le temps**, mais aussi de mieux organiser sa pensée. Elle facilite ainsi l'accès à l'apprentissage de la lecture.
- **Pour aider votre enfant**, faites-lui raconter ce qu'il a fait dans la journée ou la veille, et ce qu'il fera demain.

S'entrainer

1 * Colorie en bleu sur la frise le temps que tu passes à l'école et en jaune le temps passé à la maison. Relie les étiquettes à leur place sur la frise.

| J'arrive à l'école. | Je rentre à la maison. | Je dine. |

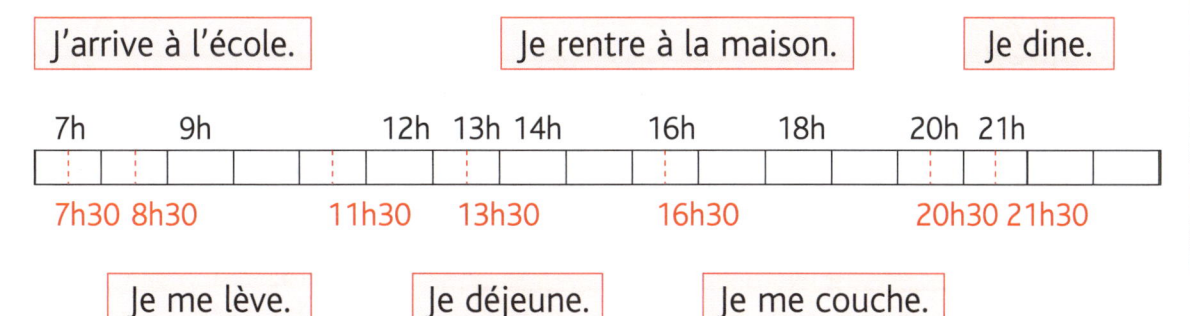

7h 9h 12h 13h 14h 16h 18h 20h 21h

7h30 8h30 11h30 13h30 16h30 20h30 21h30

| Je me lève. | Je déjeune. | Je me couche. |

2 ** Place la grande aiguille sur chaque cadran.

J'arrive à l'école.   C'est la récréation.   Je déjeune.   Je fais mes devoirs.

Il est 8 h 30.   Il est 10 h.   Il est 12 h (midi).   Il est 17 h 30.

EXO JEU Quelle heure est-il ?

Il est  ....   Il est  ....   Il est .... ou .... de l'après-midi.   Il est .... ou .... du soir.

Bravo ! Maintenant, tu sais mesurer le temps.

Corrigés p. 19

13 Grandeurs et mesures
Mesurer et comparer les longueurs

Pour comprendre

Colorie le plus grand arbre en vert et l'enfant le plus petit en rouge.

Savoir

A est moins long que C.

B est plus long que C.

C mesure 3 cm.
On a mesuré la longueur de C avec une règle.

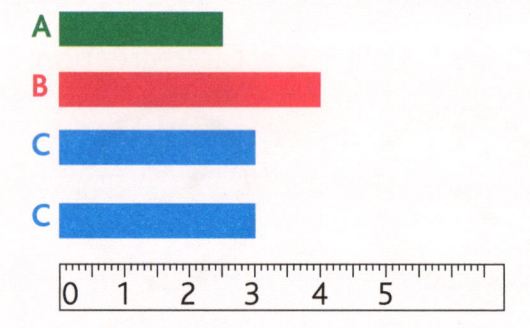

Savoir faire

- **Pour mesurer des longueurs**, tu peux utiliser une règle graduée dont l'unité de longueur est le **centimètre**.
- **Pour mesurer la longueur d'un trait :**
  – tu dois poser le 0 de ta règle au début du trait ;
  – puis lire le nombre situé en face de la fin du trait.

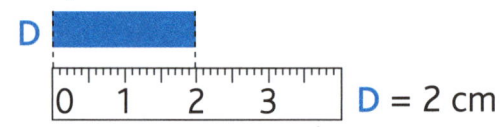

D = 2 cm

Infos parents

- Vous pouvez montrer à votre enfant qu'on peut comparer des longueurs en prenant un morceau de tissu comme unité, par exemple.
- Veillez, lorsqu'il utilise une règle, à ce qu'il la place correctement.
- La règle servira plus tard à tracer des segments, votre enfant apprendra ensuite à se servir d'une équerre (CE2).

S'entrainer

1 * Les jeux vont bientôt commencer. Les enfants ont déroulé des bandes de papier pour en faire des drapeaux !

Colorie en bleu la bande la plus courte et en vert la plus longue.

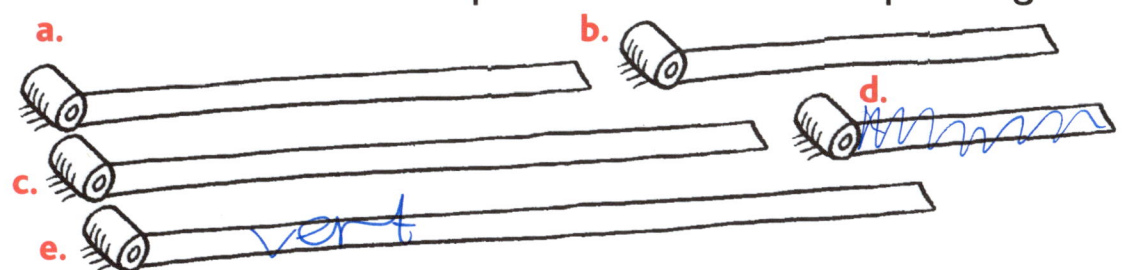

a.
b.
c.
d.
e.

2 ** Les filles organisent une épreuve de corde à sauter.
Avant de commencer, elles doivent choisir la plus longue.

Mesure chaque corde avec ta règle, puis écris les résultats dessous.

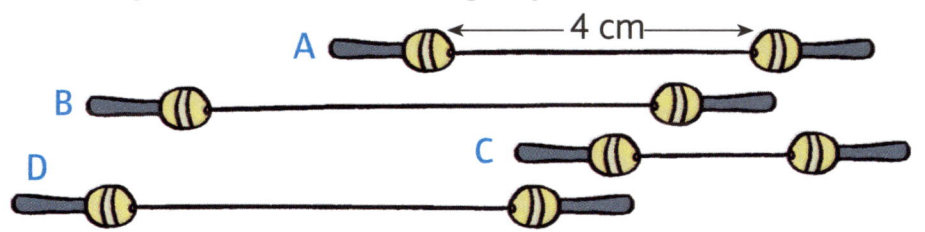

A — 4 cm
B
C
D

Quelle est la corde la plus longue ? ....

EXO JEU C'est la fin de la partie de billes. Réponds aux questions.

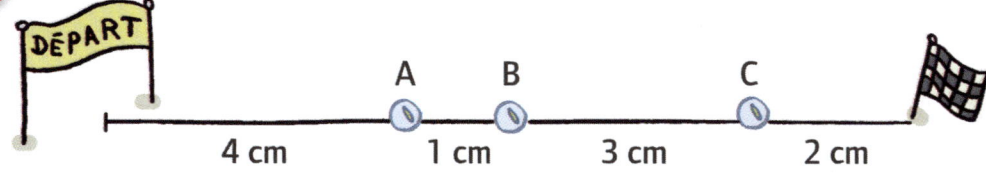

DÉPART — A — B — C — 🏁
4 cm   1 cm   3 cm   2 cm

a. Mesure la distance parcourue par chaque bille depuis le départ :
A = ... cm   B = ... cm   C = ... cm

b. Calcule la distance qui sépare chaque bille de l'arrivée :
A = ... cm   B = ... cm   C = ... cm

c. Quelle bille a parcouru la distance la plus longue ? ....   Quelle bille a parcouru la distance la plus courte ? ....

Bravo ! Maintenant, tu sais mesurer les longueurs.

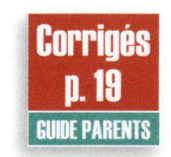

Corrigés p. 19

14 Grandeurs et mesures
Les euros

Pour comprendre

Oh la la, j'ai cassé ma tirelire ! Est-ce que tu crois que j'ai assez pour acheter ce ballon ?

Bien sûr ! Et tu vas même pouvoir m'offrir des bonbons pour fêter ça !

A-t-elle raison ?

Savoir

- **L'euro** est la **monnaie utilisée** en France et dans un grand nombre de pays européens.
- On l'écrit **euro** ou **€**.
- On utilise les **pièces** et les **billets** suivants :

Savoir faire

- 5 €, c'est aussi :
2 € + 2 € + 1 €
1 € + 1 € + 1 € + 2 €
1 € + 1 € + 1 € + 1 € + 1 €

- 10 €, c'est aussi :
5 € + 5 €
5 € + 2 € + 2 € + 1 €
2 € + 2 € + 2 € + 2 € + 2 €

Infos parents

- **L'utilisation de la monnaie fait partie de la vie quotidienne.**
- **Faire manipuler les euros par votre enfant** permet de l'ancrer dans la réalité de chaque jour, de commencer à lui faire prendre conscience de la valeur des choses et de mettre en pratique concrètement ses compétences en calcul mental.
- **L'étude des centimes sera abordée au CE1.**

S'entrainer

1 * Barre les billets et les pièces qui n'existent pas.

2 ** Colorie les portemonnaies qui contiennent moins de 10 €.

a. b. c.

3 *** À ton avis, combien coute chaque chose ? Relie.

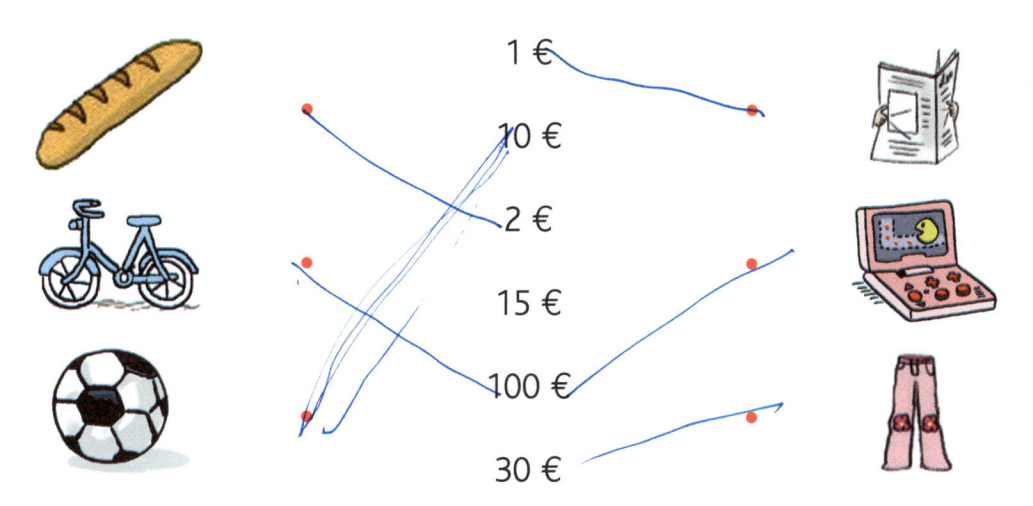

1 €
10 €
2 €
15 €
100 €
30 €

EXO JEU Zelda achète un sac et un collier. Colorie les étiquettes des prix qui l'intéressent.

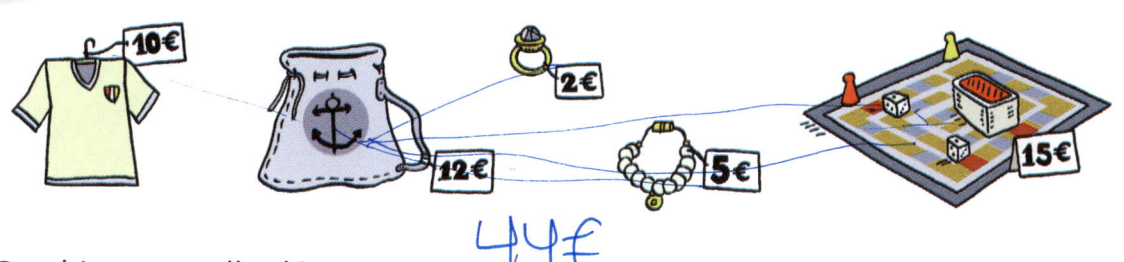

Combien va-t-elle dépenser ? 44 €

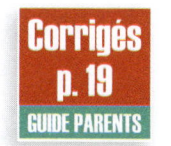

Bravo ! Maintenant, tu sais compter les euros.

15 — Espace et géométrie
Se repérer dans l'espace

Pour comprendre

Pour rejoindre la Terre, la fusée doit passer : à gauche de la Lune, sous l'étoile filante et à droite de la planète rouge.

Trace le chemin de la fusée.

Savoir

● **Pour se repérer dans l'espace**, on utilise les mots suivants :

La lune est à **gauche** de la fusée.
Le soleil est à **droite** de la fusée.
L'étoile est **devant** la fusée.
La fumée est **derrière** la fusée.

Savoir faire

● **Pour distinguer la gauche et la droite**, il faut situer les objets les uns par rapport aux autres.

– Sur ce dessin, la fille est **à gauche** du garçon, mais elle se trouve en réalité **à la droite** du garçon.

– Sur ce dessin, la fille est **à droite** du garçon, mais elle se trouve **à la gauche** du garçon.

● Continue comme sur le modèle :

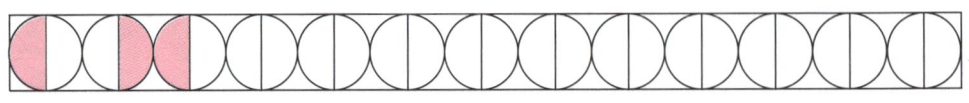

Infos parents

● **Une bonne compréhension de l'espace permet à l'enfant de mieux organiser sa pensée.** Travailler sur les mots en rapport avec l'espace lui permet d'affiner sa perception de l'espace.

● **Pour l'aider dans ce sens**, vous pouvez faire avec lui des jeux de mains, (comme dans « Jacques a dit »). Faites observer à votre enfant sa position par rapport à des objets, pour améliorer son vocabulaire sur l'espace.

S'entrainer

1 * Colorie selon les indications.

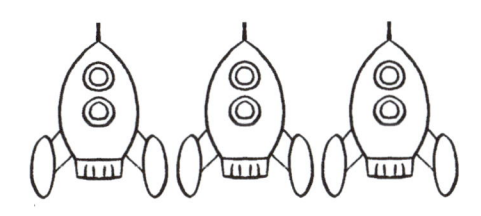

a. La fusée rouge est entre les fusées bleues.

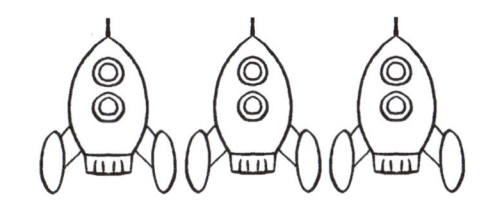

b. La fusée jaune est à gauche de la fusée verte et à droite de la fusée violette.

c. Les planètes orange sont au-dessus du Soleil.

d. La planète jaune est au-dessous de la planète verte et au-dessus de la planète rouge.

2 ** Colorie en vert les ailes gauches des fusées.

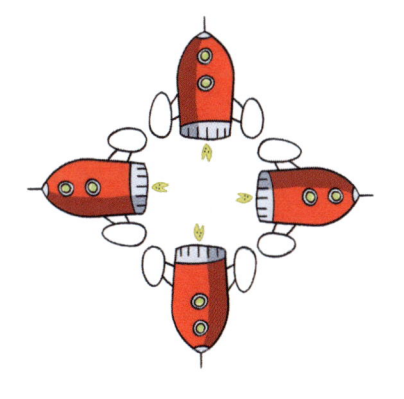

EXO JEU Dessine une fusée à gauche du Soleil, une étoile au-dessus, une planète bleue dessous.

Bravo ! Maintenant, tu sais te repérer dans l'espace.

Corrigés p. 19
GUIDE PARENTS

101

16 Espace et géométrie
Se repérer sur un quadrillage

Pour comprendre

B2 ! — A-t-il coulé le bateau ? oui / non

Savoir

- Sur un **quadrillage**, on se repère de deux façons :

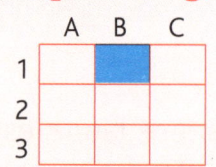

grâce à une **case** : ici, la case coloriée est (B, 1).

grâce à un **point** : ici, le point est en (B, 1).

- On peut aussi se déplacer sur un quadrillage en utilisant des **flèches** qui donnent la **direction** à suivre :

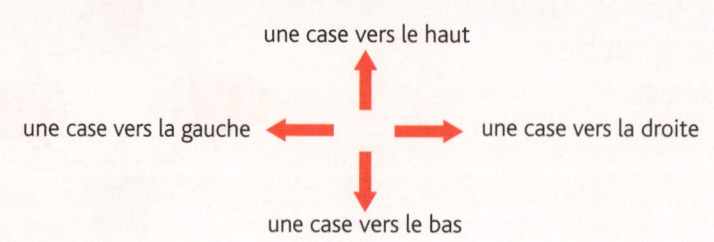

une case vers le haut
une case vers la gauche ⇐ ⇒ une case vers la droite
une case vers le bas

Savoir faire

- Pour se repérer dans un plan,
je repère la **colonne**
je repère la **ligne**
et je code (B, 1).

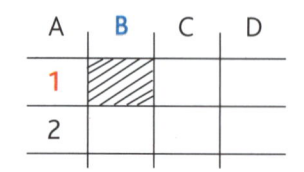

Infos parents
- **Dans les quadrillages, le repérage par cases** va plutôt être utilisé dans les plans. Le repérage par points, lui, sera utilisé dans les graphiques.
- **Les déplacements sur un quadrillage** font appel aux notions spatiales de droite et de gauche, de haut et de bas et permettent de s'orienter.

S'entrainer

1* Observe le parcours codé, puis trace le chemin jusqu'à la télécommande du robot.

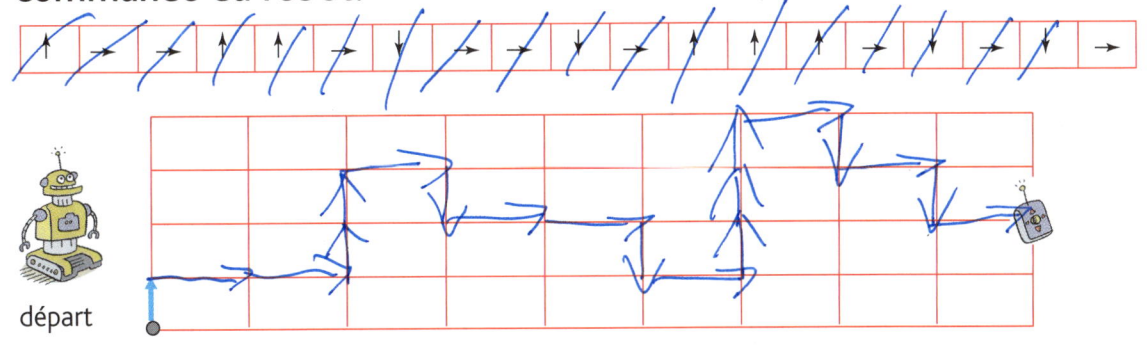

2** Écris le codage du chemin parcouru par le robot vers la porte.

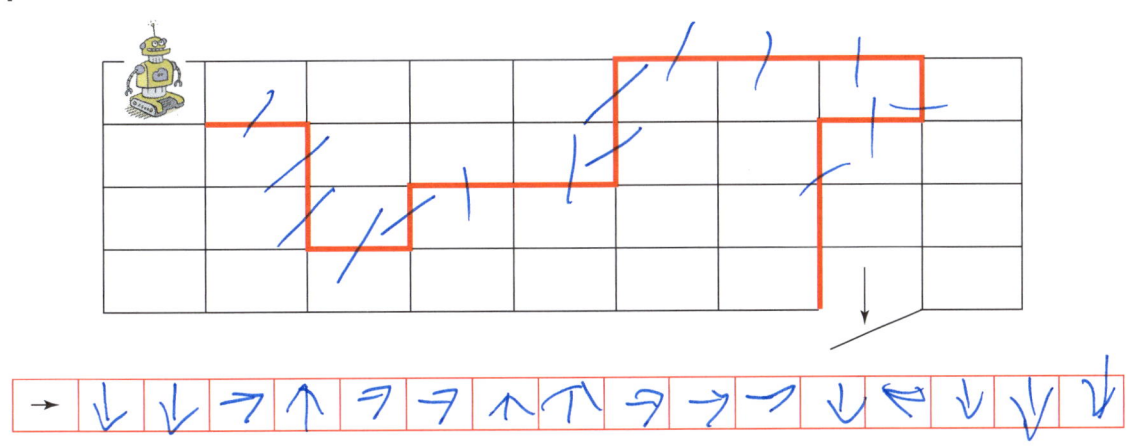

EXO JEU Regarde le plan et réponds aux questions.

a. Quel est le code de la case (ou des cases) où se trouvent :

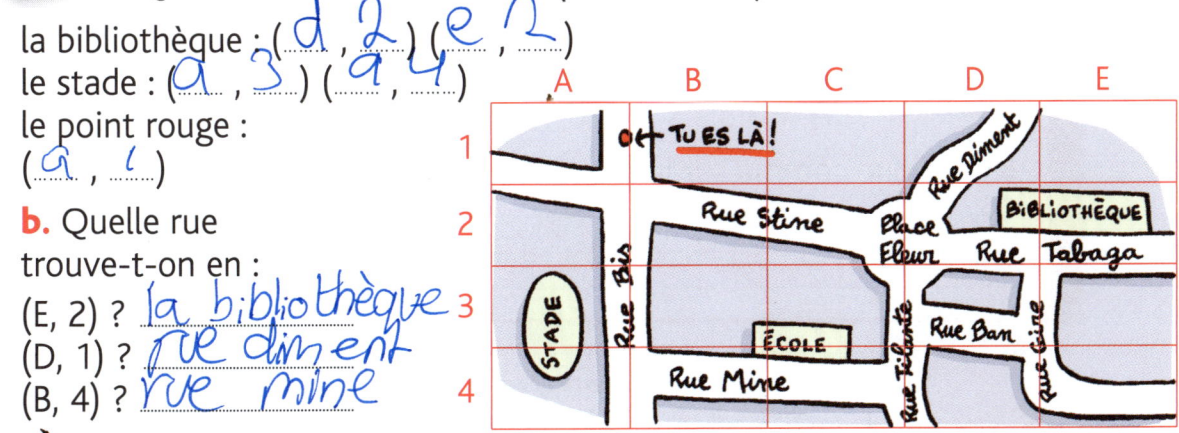

la bibliothèque : (d, 2) (e, 2)
le stade : (a, 3) (a, 4)
le point rouge : (a, 1)

b. Quelle rue trouve-t-on en :
(E, 2) ? la bibliothèque
(D, 1) ? rue diment
(B, 4) ? rue mine

Bravo ! Maintenant, tu sais te repérer sur un quadrillage.

17 Espace et géométrie
Reconnaitre et tracer des figures

Pour comprendre

J'ai dessiné un chat avec des triangles, des carrés, des rectangles et des cercles !

Moi, je n'ai besoin que de 2 rectangles et de 2 cercles pour faire une voiture !

Savoir

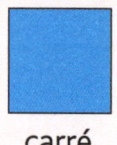

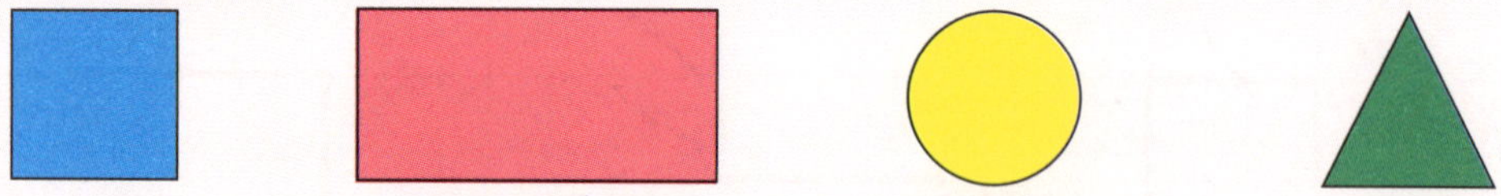

carré — rectangle — cercle — triangle

Savoir faire

- Ne confonds pas le rectangle et le carré.

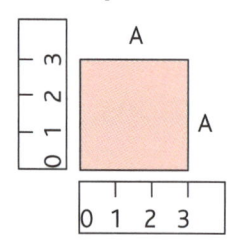

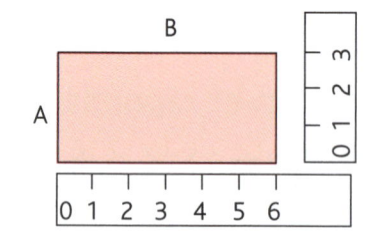

A = A   A < B

- Continue comme sur le modèle.

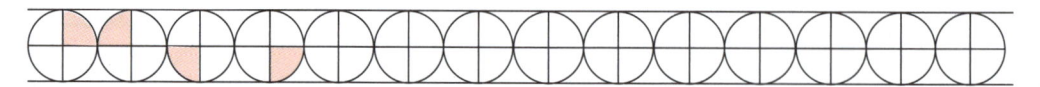

Infos parents

- **On reconnait une figure géométrique à ses propriétés** (forme, nombre et dimension des côtés) et non à la position qu'elle occupe dans l'espace. Il est donc important de faire remarquer à votre enfant qu'une figure peut changer d'orientation.
- **Amusez-vous ensemble à reconnaitre des figures géométriques** dans votre environnement (biscuits, cartes, livres, CD, etc.).

S'entrainer

1 * Voici Géo le chat. Observe-le bien et réponds aux questions.

Combien y a-t-il de cercles dans Géo ? _les yeux_
Combien y a-t-il de carrés dans Géo ? _la tête_
Combien y a-t-il de triangles dans Géo ? _le nez_
Combien y a-t-il de rectangles dans Géo ? _les orteilles_

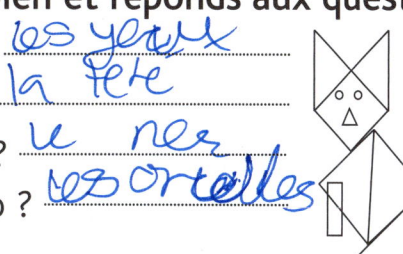

Trouve la boite qui contient toutes les formes géométriques de Géo et entoure-la.

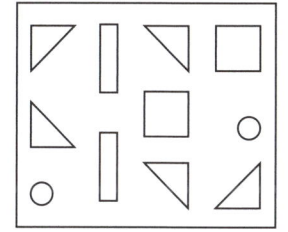

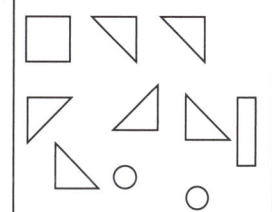

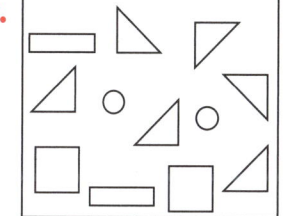

a.   b.   c.

2 ** Relie les descriptions aux figures.

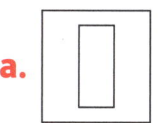

a. • Je suis un triangle avec un cercle à l'intérieur.

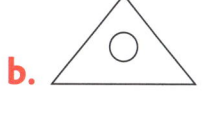

b. • Je suis un carré à l'intérieur d'un rectangle.

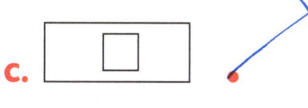

c. • Je suis un carré avec un rectangle à l'intérieur.

EXO JEU En utilisant ta règle, trace les figures en reliant les points dans l'ordre suivant :

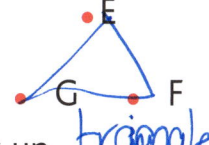

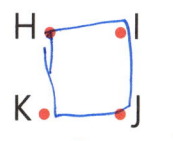

A – B – C – D – A   E – F – G – E   H – I – J – K – H

C'est un _rectangle_.   C'est un _triangle_.   C'est un _carré_.

Bravo ! Maintenant, tu sais reconnaitre et tracer des figures géométriques.

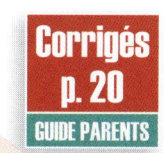

Corrigés p. 20
GUIDE PARENTS

105

18 Espace et géométrie
Les solides

Pour comprendre

Et si on construisait une maison ?
Oui, d'accord, mais avec quoi ?
Avec des cubes et des pavés !
Super ! et puis... C'est du solide !

Savoir

- Voici quelques **solides** :

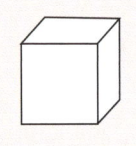

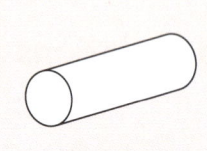

un **cube**   un **pavé**   un **cylindre**   un **cône**

- Un solide est une figure géométrique qui a **3 dimensions** : une longueur, une largeur et une profondeur.

Savoir faire

- **Reconnaitre un cube :**

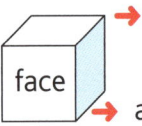

  sommet (coin)
  face
  arête (ligne)

  Un **cube** a **6 faces** qui sont des **carrés**, 12 **arêtes** de même longueur et 8 **sommets**.

- **Reconnaitre un pavé :**

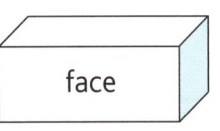

  face

  Un **pavé** a **6 faces** qui sont des **rectangles**. Il peut aussi avoir 4 faces rectangulaires et 2 faces carrées.

Infos parents

- **L'étude des solides initie à la notion complexe de volume** et donc de troisième dimension.
- **Au quotidien, vous pouvez aider votre enfant à reconnaitre** certains solides au travers d'objets de la vie courante.

S'entrainer

1* Colorie en bleu les faces visibles des cubes et en jaune les faces visibles des pavés.

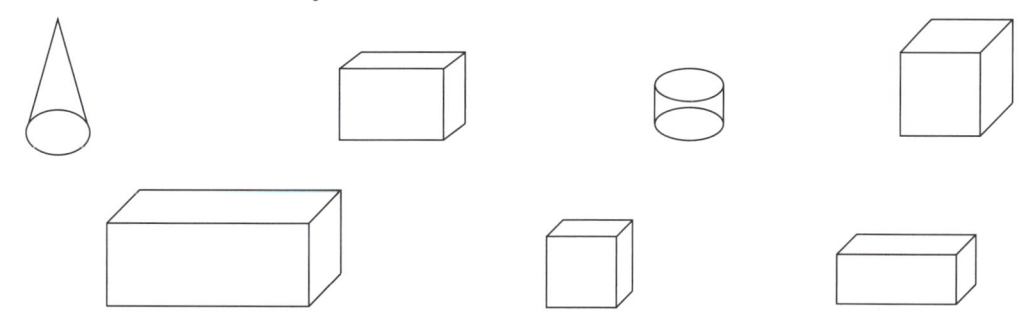

2** Relie chaque objet au solide qui lui ressemble. Puis relie chaque solide à son nom.

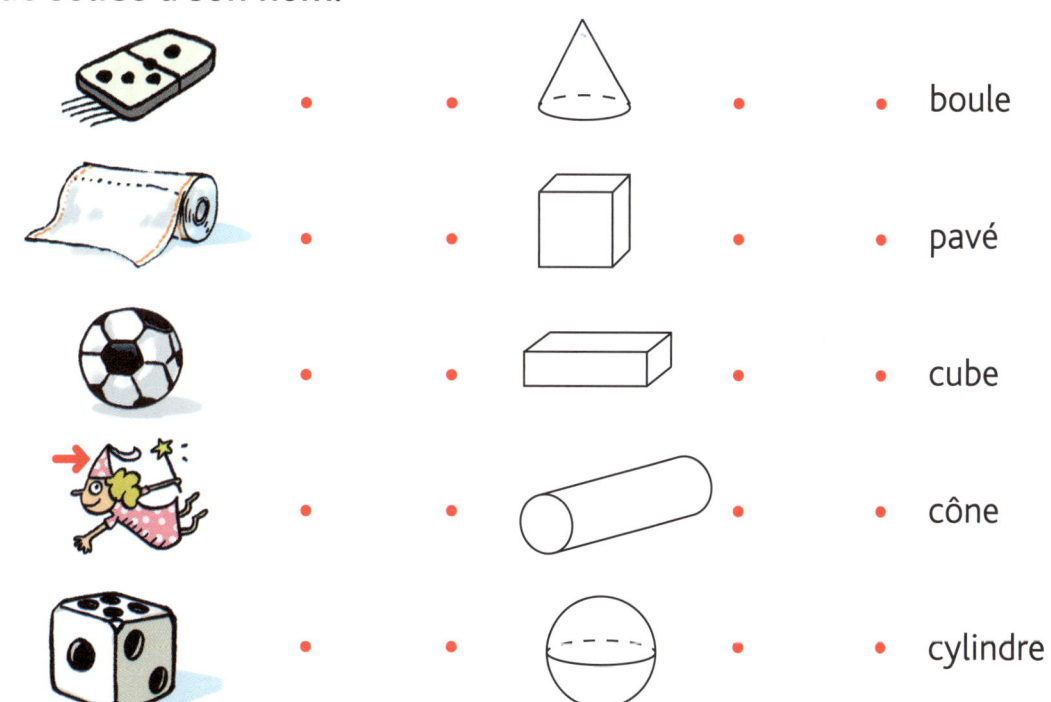

- boule
- pavé
- cube
- cône
- cylindre

EXO JEU Combien y a-t-il de pavés ? Attention à ceux qui sont cachés !

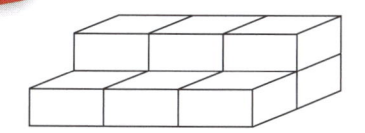

Il y a .... pavés.

Bravo ! Maintenant, tu sais reconnaitre les solides.

Corrigés p. 20
GUIDE PARENTS

Bilan — Nombres

Lire et écrire les nombres jusqu'à 99

1 Écris les nombres qui manquent dans les cases vides.

0	1	2	3	4	5	6	7	8	9
10	11	12	13	14	15	16	17	18	19
20	21	22	23	24	25	26	27	28	29
30	31	*32*	33	34	35	36	37	38	39
40	41	42	43	44	45	46	47	48	49
50	51	52	53	*54*	55	56	57	58	59
60	61	62	63	64	65	66	67	68	69
70	71	72	73	74	75	76	*77*	78	79
80	81	82	83	84	85	86	87	88	89
90	91	92	93	94	95	96	97	*98*	99

..../2

2 Dans le tableau, entoure en bleu :

a. le nombre placé entre 73 et 75   *74* ✓
b. 1d et 2u   *12* ✓
c. le nombre placé entre 84 et 86   *85* ✓
d. 4d et 8u   *48* ✓

..../2

3 Dans le tableau, entoure en jaune les nombres suivants :

a. soixante-deux   *62* ✓
b. soixante-douze   *72* ✓
c. trente-huit   *38* ✓
d. quatre-vingt-treize   *93* ✓

..../2

Comparer des nombres

4 Colorie l'étiquette dans laquelle les nombres sont bien rangés du plus petit au plus grand.

a. 2 < 12 < 48 < 85 > 74
b. 85 > 74 > 48 > 12 > 2
c. 2 < 12 < 48 < 74 < 85
d. 12 > 2 < 48 < 74 < 85

…./1

5 Dans le tableau, entoure en vert le nombre secret :

Ce nombre est plus grand que 56.
Il ne se termine pas par 8 ou 9.
Il commence par 5.

…./1

Grouper par dizaines

6 Quelle est la bonne réponse ?

77 =   a. ☐ 60 + 7
       b. ☐ 60 + 16
       c. ☐ 60 + 17

…./1

7 Combien y a-t-il de dizaines dans « soixante-dix-neuf » ?

a. ☐ 5
b. ☐ 6
c. ☐ 7

…./1

TOTAL …./10

Bilan — Calculs

Poser une addition

1 Pose et calcule.

a. 61 + 28 = 89

b. 37 + 45 = 82

c. 59 + 11 = 70

d. 82 + 15 = 97

..../4

Additionner

Léo, Emma et Victor ont vidé leur sac à dos. Voici ce qu'ils contiennent :

	journaux	feutres	bonbons	jeux vidéo
Léo	3	2	4	3
Emma	1	3	5	2
Victor	4	1	3	3

2 Combien y a-t-il de jeux vidéo dans les 3 sacs ? Coche la bonne opération à effectuer.

a. ☐ 3 + 2 + 4 + 3   b. ☐ 2 + 3 + 4   c. ☐ 3 + 2 + 3

..../1

3 Combien Emma a-t-elle d'objets dans son sac ? Coche la bonne opération à effectuer.

a. ☐ 3 + 1 + 4   b. ☐ 1 + 3 + 5 + 2   c. ☐ 4 + 1 + 3 + 3

..../1

4 Lis les énoncés de ces problèmes et coche la bonne réponse.

Thomas va au marché. Il achète 3 salades, 8 oranges, 2 poireaux, 1 ananas et 5 carottes. Combien a-t-il acheté de légumes ?

a. ☐ Il a acheté 10 légumes.
b. ☐ Il a acheté 9 fruits.
c. ☐ Il a acheté 19 légumes.

Yacine joue au football avec Romain et 4 amis. Il marque 5 buts et Romain en marque 6. Combien ont-ils marqué de buts ?

a. ☐ Ils ont marqué 10 buts.
b. ☐ Ils ont marqué 11 buts.
c. ☐ Ils ont marqué 9 buts.

.... /2

Soustraire

5 Lis les énoncés de ces problèmes et coche la bonne opération à effectuer.

Ce matin, Clémence avait 8 bracelets et 5 bagues. À la récréation, elle a perdu 4 bracelets. Combien a-t-elle de bracelets maintenant ?

a. ☐ 8 + 5 − 4
b. ☐ 8 − 4
c. ☐ 5 − 4

Elsa a 9 billes. Elle en perd 4 et en donne une à Flora. Combien reste-t-il de billes à Elsa ?

a. ☐ 9 − 1
b. ☐ 9 − 4 − 1
c. ☐ 9 − 4

.... /2

TOTAL
.... /10

Corrigés p. 20
GUIDE PARENTS

Bilan — Grandeurs et mesures

Lire l'heure

1 Lis l'heure sur chaque cadran et entoure la bonne réponse.

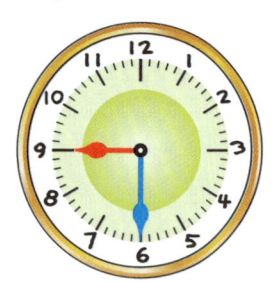

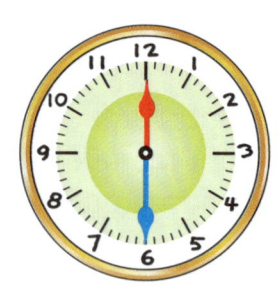

| Il est 15 h 30. | Il est 10 h. | Il est 6 h. |
| Il est 9 h 30. | Il est 14 h. | Il est 12 h 30. |

..../3

Mesurer les longueurs

2 Mesure avec les carreaux cette figure. Quelle est sa longueur ?

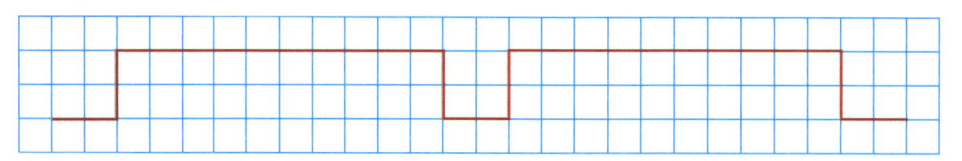

a. ☐ 36 carreaux   b. ☐ 34 carreaux
c. ☐ 41 carreaux   d. ☐ 28 carreaux

..../1

3 Quels sont les bâtons qui ont la même longueur que le bâton rouge ?

a. ☐ A – B – E   b. ☐ B – C – E   c. ☐ A – D – F

..../1

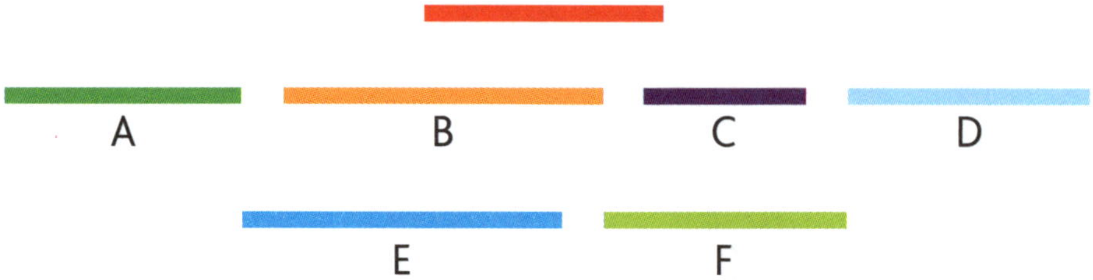

112

Mesurer les longueurs

4 Yacine a dessiné le plan de la cabane à coccinelles qu'il veut construire.

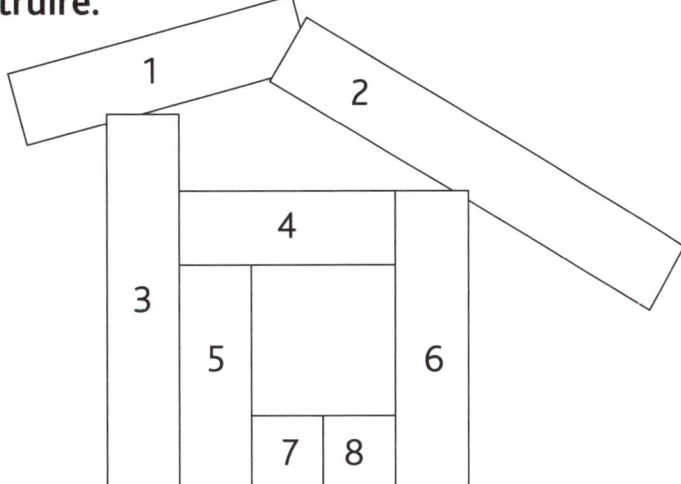

Réponds aux questions.

a. Quelles sont les planches qui mesurent 3 cm de longueur ?
Les planches .... et ....
b. Quelle est la planche la plus longue ? La planche ....
c. On peut remplacer les planches 7 et 8 par une seule planche. Quelle sera sa longueur en centimètres ?
....

.... /3

Les euros

5 Combien y a-t-il dans ce portemonnaie ?

a. ☐ 5 €   b. ☐ 6 €   c. ☐ 7 €

.... /2

Quelles sont les 2 pièces qui manquent dans le portemonnaie pour acheter une casquette à 10 € ?

a. ☐   b. ☐

c. ☐

TOTAL
.... /10

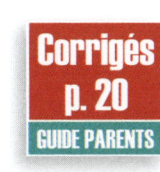

Corrigés p. 20
GUIDE PARENTS

Bilan — Espace et géométrie

Se repérer dans l'espace

1 Dessine un cercle qui soit à la fois à droite du triangle, en dessous du carré et à gauche du rectangle.

..../1

Reconnaitre et tracer des figures

2 Remplis le tableau en observant ces figures géométriques :

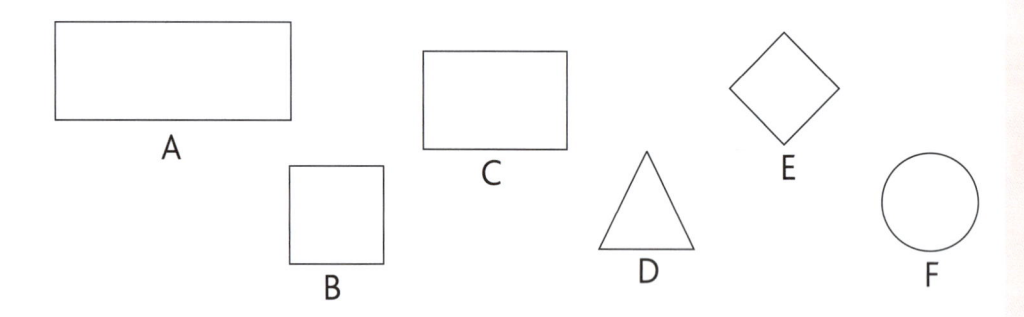

	A	B	C	D	E	F
carré						
cercle						
rectangle						
triangle						

..../4

Se repérer sur un quadrillage

3 Voici un quadrillage :

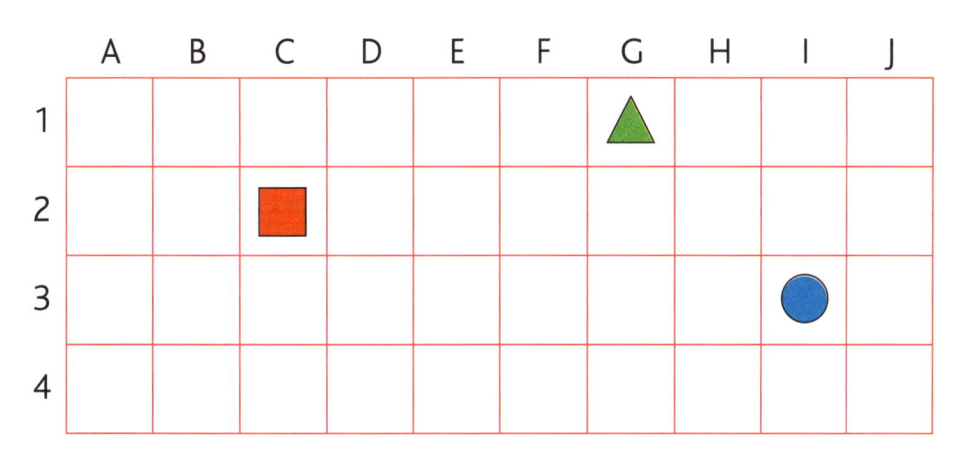

	A	B	C	D	E	F	G	H	I	J
1							▲			
2			■							
3									●	
4										

Coche la bonne réponse :

a. ● ☐ (I, 2)   ☐ (J, 3)   ☐ (I, 3)

b. ▲ ☐ (G, 2)   ☐ (G, 1)   ☐ (H, 1)

c. ■ ☐ (C, 1)   ☐ (B, 2)   ☐ (C, 2)

.... /3

Les solides

4 Relie chaque solide à l'une de ses faces.

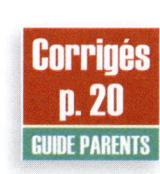

a. (pyramide)   1. ▭

b. (cylindre)   2. ☐

c. (pavé)   3. △

d. (cube)   4. ○

.... /2

TOTAL .... /10

1 — Histoire • Questionner le temps

La journée et la semaine

Pour comprendre

Moi, j'aime bien le mardi car on va à la piscine.

	L	M	M	J	V	S	D
matin		piscine			dessin		
midi							
après-midi	gym			musique			

Moi, j'adore le dimanche car il n'y a jamais d'école !

Savoir

- On découpe la journée en **différents moments** :

le matin	midi	l'après-midi	le soir
7 heures	12 heures	16 heures	20 heures

Je me lève.   Je déjeune.   Je goute.   Je vais dormir.

- Dans une **semaine**, il y a **7 jours** :
  lundi   mardi   mercredi   jeudi   vendredi   samedi   dimanche

Savoir faire

Pour se repérer dans la journée

- Chaque moment de la journée a un repas :

Le petit déjeuner, c'est le **matin**.

Le gouter, c'est l'**après-midi**.

Le déjeuner, c'est à **midi**.

Le diner, c'est le **soir**.

Infos parents
- La structure du temps est longue à se mettre en place chez un enfant : il doit trouver des repères dans sa journée, puis dans sa semaine, dans l'année…
- Saisissez chaque occasion de lui donner des repères dans la journée et dans la semaine pour l'aider à se repérer.

S'entrainer

1 * Numérote les dessins dans l'ordre.

☐ Je goute à la maison. ☐ Je me lève. ☐ Je déjeune à la cantine. ☐ Je me couche.

2 ** Colorie cette frise en respectant les couleurs.

jaune : le soir   vert : le matin   orange : le midi   bleu : l'après-midi

7 heures   12 heures   13 heures   17 heures   20 heures

3 ** Complète le tableau.

hier	aujourd'hui	demain
	lundi	
		vendredi
mardi		
		dimanche
	vendredi	

EXO JEU Observe le document page 116 et écris Vrai ou Faux.

a. Le lundi après-midi, il y a gym : ....
b. Le mardi, il n'y a pas d'école : ....
c. On chante le vendredi matin : ....
d. La piscine, c'est le matin : ....

Bravo ! Maintenant, tu connais les jours de la semaine.

Corrigés p. 20
GUIDE PARENTS

117

2 — Histoire • Questionner le temps
L'année, les saisons et les mois

Pour comprendre

J'ai froid !

Moi, j'ai trop chaud !

Savoir

- **Dans une année, il y a 12 mois et 4 saisons :**

1. janvier
2. février
3. mars
4. avril
5. mai
6. juin
7. juillet
8. aout
9. septembre
10. octobre
11. novembre
12. décembre

l'hiver  — le printemps  — l'été  — l'automne

Savoir faire

Pour connaitre les saisons

- À chaque saison, la nature et le temps changent.

En hiver : il fait froid, les arbres n'ont pas de feuilles.
Au printemps : il fait moins froid et les plantes poussent.
En été : c'est la saison chaude, on cueille les fruits.
En automne : le temps se refroidit, les arbres perdent leurs feuilles.

Infos parents
- Vous pouvez étendre les caractéristiques des saisons aux animaux (ceux qui hibernent, qui émigrent, la saison des nids…) et aux plantes en mangeant des légumes et des fruits de saison.

S'entrainer

1 * Relie les saisons aux illustrations.

été   automne   hiver   printemps

2 ** Écris Vrai ou Faux.

a. En hiver, les fleurs poussent. ....

b. À l'automne, on cueille des champignons. ....

c. L'ours dort tout l'été. ....

d. Au printemps, les arbres ont de nouvelles feuilles. ....

3 ** Écris le nom du mois qui convient.

a. Je suis le premier mois de l'année : ....

b. Je viens juste après le mois de mars : ....

c. Je suis le dernier mois de l'année : ....

d. Je suis le mois de la rentrée ! ....

e. Je suis le premier mois de l'été : ....

4 *** Colorie les étiquettes de la couleur de la saison indiquée page 118.

le 14 juillet   Noël   le 11 novembre   le 1er mai

EXO JEU Écris le mois de ta naissance et la saison qui lui correspond.

Je suis né(e) au mois de .... , en/au ....

Bravo ! Maintenant, tu connais les mois et les saisons de l'année.

3 — Histoire • Questionner le temps
Le temps qui passe

Pour comprendre

Regarde, c'est grand-mère !

Quelle longue vie !

Savoir

- **Comme tous les êtres vivants**, l'homme grandit :

l'âge de l'**enfance**    l'**adolescence**    l'âge **adulte**    le 3ᵉ **âge**

Savoir faire

Pour lire une photo

- **Pour mieux connaitre une personne**, regarde :
  – le visage de la personne : *c'est une vieille personne* ;
  – ses vêtements : *elle porte une robe longue comme autrefois et un petit chapeau*.

Infos parents

- **Pour faire comprendre à votre enfant le temps qui passe**, il est utile de comparer les différents âges de la vie.
- **Insistez sur les différences entre les époques :** les moyens de transport, les objets de la vie quotidienne, la mode...

S'entrainer

1 ** Relie.

a. Quand j'étais bébé • • 1. je serai jardinier.
b. Quand j'irai au collège • • 2. je n'avais pas de dents !
c. Quand je serai grand-père • • 3. j'aurai 11 ans.
d. Quand je serai adulte • • 4. j'aurai les cheveux blancs.

2 *** Sous chaque image, écris le mot qui convient.

poulet   coq   œuf   poussin

....

EXO JEU Complète ces phrases avec des noms de personnes que tu connais.

• Je suis plus âgé(e) que ....
• .... est plus jeune que moi.
• .... est une personne du troisième âge.

Que feras-tu plus tard ? Dessine.

Bravo ! Maintenant, tu sais comment le temps passe.

Corrigés p. 21
GUIDE PARENTS

4 — Histoire • Questionner le temps
Des époques différentes

Pour comprendre

Oh j'adore cette mode !

Heu... mais où sont leurs baskets ?

Savoir

- **Selon les époques**, les gens ne vivaient pas de la même façon.
– À l'époque de **tes arrière-grands-parents**, les supermarchés n'existaient pas. On fabriquait soi-même beaucoup de choses : la nourriture, les vêtements, les jouets…
– À l'époque de tes **grands-parents** et de tes **parents**, le monde s'est modernisé : les usines ont fabriqué toutes sortes d'objets en grandes quantités. C'est devenu plus facile d'acheter.

Savoir faire

Recueillir des informations sur les différentes époques

- **Comme un journaliste, amuse-toi à faire une enquête** auprès de tes parents ou de tes grands-parents. Tu peux leur demander :
  – comment ils **s'habillaient** pour aller à l'école ;
  – ce qu'ils **mangeaient** au petit déjeuner ;
  – à quels jeux ils **jouaient** à la maison ou à l'école…

Infos parents

- Connaitre sa famille et ses ancêtres proches est la première leçon d'Histoire et c'est vous qui pouvez la donner à votre enfant ! Montrez-lui des photos ou racontez-lui des souvenirs. Vous l'aiderez ainsi à se donner des repères dans le temps.

S'entrainer

1 * Complète avec les prénoms des membres de ta famille.

mes grands-parents

mes parents

moi

2 ** Entoure en vert les choses d'aujourd'hui et en bleu celles d'autrefois.

a.
b.
c.
d.
e.
f.

3 *** Écris Possible ou Impossible.

Quand ils étaient petits :

a. mon père allait à l'école en voiture à cheval. ....

b. ma grand-mère avait une blouse pour aller à l'école. ....

c. mon arrière-grand-père avait une console de jeux. ....

d. ma mère pouvait acheter des poupées en plastique. ....

EXO JEU Vrai ou faux ?

a. Mon père est le fils de ma grand-mère. ....

b. Mon arrière-grand-mère est la mère de ma mère. ....

c. Mon grand-père est le père de ma mère ou de mon père. ....

d. Moi, je suis le fils ou la fille de ma grand-mère. ....

Bravo ! Maintenant, tu sais repérer des époques différentes.

Corrigés p. 21
GUIDE PARENTS

1 Enseignement moral et civique
Respecter des règles

Pour comprendre

Dans la cour, on a le droit de courir, de crier, de jouer.

Dans la classe, les règles ne sont pas les mêmes. On doit lever le doigt, parler doucement...

Savoir

- **Pour vivre ensemble**, on doit respecter des **règles** :
  – dans une école, il y a un **règlement** ;
  – dans la vie de tous les jours, il y a aussi des **règles** et des **lois** que tout le monde doit suivre.

- Si on **respecte** les autres et leurs idées, on peut **vivre ensemble**.

Savoir faire

Pour lire un règlement

- **Dans un règlement :**
  – il y a des **devoirs** : on doit arriver à l'heure à l'école, être poli(e), respecter la différence de l'autre...
  – il y a aussi des **droits** : on a le droit de s'exprimer et de discuter si on n'est pas d'accord.

Infos parents

- Il est important de **parler avec votre enfant des règles de vie qui sont en vigueur dans la classe et dans l'école**.
- L'enseignement moral et civique doit **commencer à la maison** : on doit pouvoir **exprimer sa sensibilité mais en respectant les règles indispensables pour vivre ensemble**. Ainsi à l'école, on peut préparer des futurs citoyens à respecter les autres et leurs différences.

S'entrainer

1 * Colorie les enfants qui respectent le règlement de l'école.

2 ** Complète le tableau avec des croix.

	En classe	Dans la cour
Parler fort	✓	
Jouer à chat		✓
Lever le doigt	✓	
Jouer au ballon		✓
Avoir son cahier	✓	

3 *** Entoure les phrases qui montrent que l'on respecte l'autre.

a. Je peux taper les autres lorsqu'ils ne sont pas d'accord avec moi.

b. Lorsqu'on n'est pas d'accord avec moi, je le dis et j'écoute les autres.

c. Moi, je veux que tout le monde ait les mêmes idées que moi !

d. Moi, je ne me moque pas des autres car je n'aime pas quand on se moque de moi.

EXO JEU Écris ou dessine quelques règles de la maison.

Bravo ! Maintenant, tu connais les règles à respecter.

Corrigés p. 21
GUIDE PARENTS

125

2 — Enseignement moral et civique
Respecter l'environnement

Pour comprendre

Tu as vu comme c'est dégoutant ?

Tu vois, c'est important de protéger la nature. D'ailleurs, va ranger ta chambre !

Savoir

- **Pour protéger l'environnement**, on doit :
  – être propre ;
  – protéger la nature ;
  – économiser l'énergie.

Savoir faire

Pour protéger l'environnement

- **Quelques gestes simples suffisent :**
  – jeter et trier ses déchets

  – éteindre les lumières dont on n'a pas besoin

  – fermer une fenêtre pour conserver la chaleur

Infos parents

- **Le développement durable** n'est pas qu'un slogan, c'est par des gestes simples que votre enfant prendra de bonnes habitudes. Le respect de l'environnement n'est pas toujours naturel. Au-delà des explications, il vous faudra souvent répéter des consignes adaptées que les enfants ont tendance à oublier dès que l'adulte a le dos tourné.

S'entrainer

1 * Barre tout ce qui salit l'environnement.

2 ** Souligne les phrases qui décrivent un bon respect de l'environnement.

a. Allumer un feu dans la forêt.
b. Trier ses déchets.
c. Bien fermer les robinets.
d. Détruire les nids d'oiseaux.
e. Bien refermer la porte du réfrigérateur.
f. Jeter son chewing-gum par terre.

3 *** Amuse-toi à trier ces déchets.

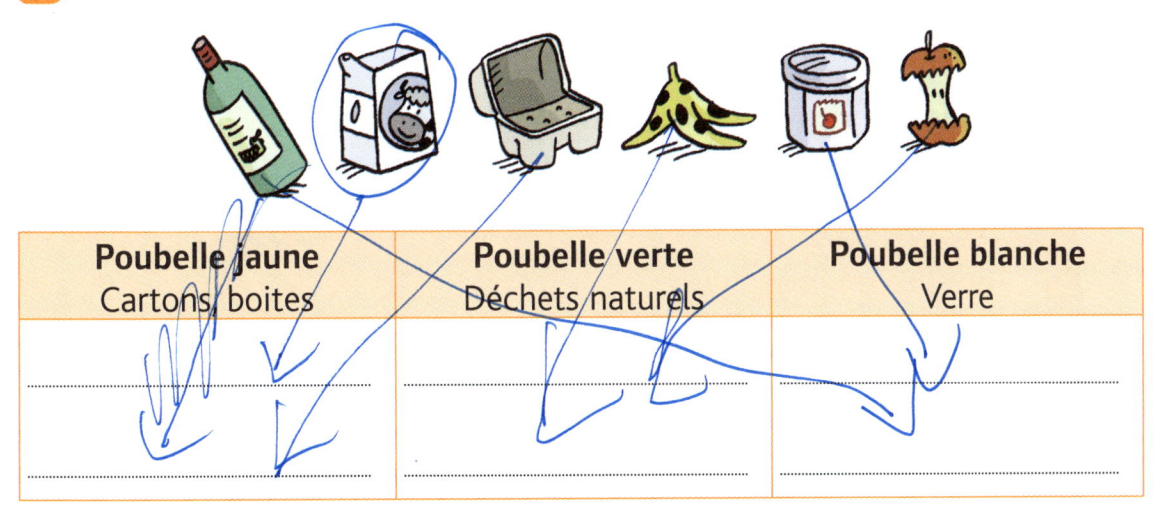

Poubelle jaune Cartons, boites	Poubelle verte Déchets naturels	Poubelle blanche Verre

EXO JEU À ton tour, dessine un geste qui respecte la nature.

Bravo ! Maintenant, tu sais ce qu'est le respect de l'environnement.

Corrigés p. 21
GUIDE PARENTS

1 Connaitre son environnement

Géographie • Questionner l'espace

Pour comprendre

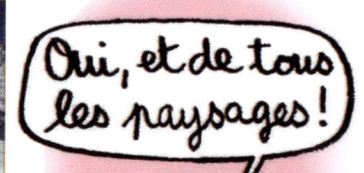

Tu as reçu des cartes postales ?

Oui, et de tous les paysages !

Savoir

- **En France, on peut vivre :**
  - au **bord de la mer** (photo 1) ;
  - à la **montagne** (photo 2) ;
  - à la **campagne** (photo 3) ;
  - dans une **grande ville** (photo 4).

Savoir faire

Pour lire un paysage

- Observe cette photo :

Tu vois un village, des champs, beaucoup d'arbres : c'est un **paysage de campagne**.

Infos parents

- **L'identification de paysages est la première approche de la géographie :** savoir décrire ce qu'on voit est tout aussi important que de savoir lire un texte.
- **Ressortez les cartes postales,** il est temps de faire un tri ! La mer avec la mer, la montagne avec les sommets enneigés. Amusez-vous à observer et à comparer avec votre enfant.

S'entrainer

1 * Écris le numéro de chaque carte postale (page 128) à côté du texte qui lui convient.

a. .... Salut, il fait froid au sommet. Mais j'ai vu un aigle ! À bientôt.

b. .... Ici, tout est grand ! Les immeubles, les rues, les magasins et même les voitures ! Je t'embrasse.

c. .... Aujourd'hui, je me suis baigné et j'ai pêché dans les rochers ! À bientôt.

d. .... Quel calme ! On s'est promenés près de la rivière. Ce soir, on dort à la ferme. Bisous.

2 ** Écris Vrai ou Faux.

a. À la campagne, il y a beaucoup d'immeubles. ....

b. Les grandes villes sont au sommet des montagnes. ....

c. J'ai fait du ski sur la plage ! ....

d. Il y a beaucoup de voitures dans ma ville. ....

3 *** Colorie en bleu tout ce qui te fait penser à la ville et en vert ce qui te fait penser à la campagne.

| chemin | métro | vaches | théâtre |

| ferme | grands immeubles | champs |

EXO JEU À ton tour, dessine ton environnement et complète la phrase.

Moi, je vis à ....

....

....

....

Bravo ! Maintenant, tu connais différents paysages.

Corrigés p. 21
GUIDE PARENTS

2 — Le plan et la carte

Géographie • Questionner l'espace

Pour comprendre

— Regarde ! J'ai dessiné le plan de ma chambre !

— Vue d'en haut, elle paraît bien rangée !

Savoir

- Un **plan** est un **dessin simplifié** vu d'en haut.
- Une **carte** représente un **espace plus grand** : un quartier, un village, un pays…
- Le plan et la carte permettent de **se repérer**.

Savoir faire

Pour lire un plan

- **Tu repères :**
  – les bâtiments,
  – les rues.
- Tu peux t'aider du **quadrillage** : ici, la place de la Mairie est en (C3).

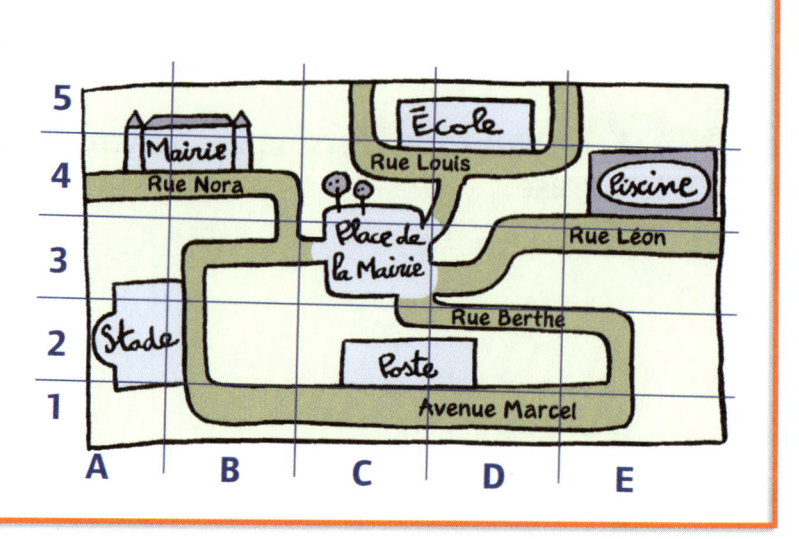

Infos parents

- **Rien de tel qu'une chasse au trésor dans la maison pour apprendre à se servir d'un plan.** Vous pouvez ensuite passer au plan du village ou du quartier et partir à l'aventure. Il faut que l'enfant expérimente la perte de repères pour pouvoir se retrouver grâce au plan.

S'entrainer

1 * Relie la photo au plan dessiné.

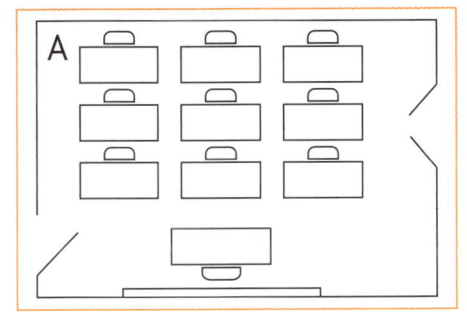

A

B

2 ** À l'aide du plan de la page 130, réponds aux questions :

a. Dans quelle rue est la piscine ? ....

b. Que trouve-t-on avenue Marcel ? ....

c. Dois-je passer par la place de la Mairie pour aller de l'école au stade ?

....

EXO JEU Colorie la carte de France.

Bravo ! Maintenant, tu sais lire un plan et une carte.

Corrigés p. 21

3 — Géographie • Questionner l'espace
Des milieux lointains

Pour comprendre

Là, j'ai trop chaud ! Mais au pôle Nord, j'ai trop froid !

Tu n'es jamais content !

Savoir

- Sur notre planète, il y a des **milieux très différents** :

| le désert | la banquise | la forêt tropicale |

Savoir faire

Connaitre un milieu

- Sur notre planète, la Terre, on rencontre des paysages et des climats très différents :
  – dans le **désert**, il fait très chaud ;
  – sur la **banquise**, il fait très froid ;
  – dans la **forêt tropicale**, il fait très humide, donc il y a beaucoup de plantes.

Infos parents
- **Pour aider votre enfant à visualiser les différences de paysages,** utilisez les catalogues de voyages.
- **Recherchez ensuite sur un globe terrestre ou dans un atlas** dans quelles régions du monde se situent les paysages découverts.

S'entrainer

1 * Écris ces mots sous chaque paysage.

~~froid~~ chaud humide igloo ~~glace~~ jungle sable

froid / *igloo* / *glace*

humide / *jungle*

chaud

2 ** Place des croix aux bons endroits.

On y trouve	désert	forêt tropicale	banquise
des pingouins			✓
des boas		✓	
des scorpions	✓		
des ours polaires			✓
des perroquets		✓	

3 *** Réponds à la question.

Pourquoi n'y a-t-il pas de plantes sur la banquise ?

because theres not enough heat and rain

EKO JEU Réponds aux devinettes.

a. J'ai deux bosses et je vis dans le désert. Je suis *scorpion*.
b. Je vis sur la banquise et je suis chassé pour ma fourrure. Je suis *pingouins*.
c. Je suis la plus grande forêt du monde. Je suis *les boas*.

Bravo ! Maintenant, tu connais différents milieux.

Corrigés p. 21
GUIDE PARENTS

133

1 — Sciences • Le monde du vivant, de la matière, des objets

Connaitre son corps

Pour comprendre

J'ai mal à la tête !

Moi j'ai mal aux dents ! Quelle famille !

Légendes : tête, cou, bras, coude, tronc, pieds, genou, cheville, jambes

Savoir

- **Notre corps est constitué de plusieurs parties :** la tête, le tronc, les bras et les jambes.
- **Certains endroits se plient :** le cou, les coudes, les genoux, les chevilles sont des **articulations** qui permettent le **mouvement**.
- À 6 ans, on perd ses **dents de lait** qui seront remplacées par des **dents définitives**.

Savoir faire

- Il y a **trois sortes de dents** :
  – les **incisives** pour couper les aliments ; 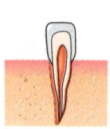
  – les **canines** pour les déchirer ; 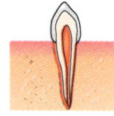
  – les **molaires** pour les écraser.

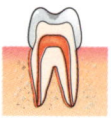

Infos parents

- **Le corps humain, quelle formidable machine !** À 6-7 ans, votre enfant commence à demander des informations sur le fonctionnement de son corps.
- **Profitez de la prochaine visite chez le médecin** et chez le dentiste pour réviser avec lui quelques notions d'anatomie.

S'entrainer

1 * Replace les mots sur ce dessin.

- pied
- bras
- jambe
- tronc
- tête
- main

2 ** Relie pour compléter les phrases.

1. Pour lever la tête, je plie •   • a. mes genoux.
2. Pour me coiffer, je plie •   • b. mes coudes.
3. Pour m'asseoir, je plie •   • c. mon cou.

3 *** Relie le dessin au mot.

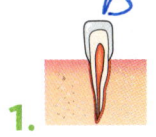

1. 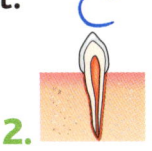   2.   3.

a. elle écrase   b. elle coupe   c. elle déchire

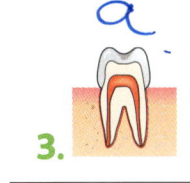

EXO JEU Coche tout ce qu'il faut faire pour avoir un corps en bonne santé.

a. Aller chez le médecin et chez le dentiste régulièrement. ☐
b. Manger beaucoup de sucrerie. ☐
c. Bien dormir. ☐
d. Se laver les dents et le corps tous les jours. ☐
e. Faire du sport. ☐
f. Garder longtemps la même brosse à dent. ☐
g. Manger de tout. ☐

Bravo ! Maintenant, tu connais ton corps.

Corrigés p. 22
GUIDE PARENTS

135

2 — Sciences • Le monde du vivant, de la matière, des objets

Le vivant et le non-vivant

Pour comprendre

Les animaux sont des êtres vivants.

Et les végétaux aussi ! Ils grandissent aussi !

Savoir

● Sur notre planète, la Terre, il y a des choses vivantes et des choses **non vivantes**.

Le vivant
– les **animaux**
– les **végétaux** (les plantes)
– nous, les **humains**

Le non-vivant
– le **minéral** (les pierres)
– les **éléments naturels** (l'air, le feu, l'eau…)
– les **objets** qu'on a fabriqués

Savoir faire

Comment reconnaitre le vivant

● Un être vivant nait, grandit, vieillit, meurt.

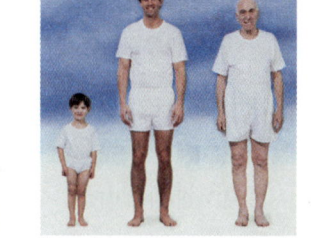

● Il a besoin d'eau et de nourriture.

● Il se reproduit.

Infos parents ● **La notion de vivant et non-vivant est importante** car elle apporte une dimension scientifique à la vision du monde de l'enfant. Il peut adorer sa peluche mais il ne peut pas ignorer qu'elle n'est pas vivante.

S'entrainer

1* Entoure en rouge les animaux, en vert les végétaux, en bleu les êtres humains.

2** Complète le tableau en écrivant les mots aux bons endroits :

une voiture, un chien, une pomme, du feu, une pierre, un champignon

Vivant	Non-vivant

3*** Observe ces photos et complète le tableau avec des croix.

grandit				
se nourrit				
se reproduit				
meurt				

EXO JEU À ton tour, dessine :

un être vivant	un objet ou un élément non vivant

Bravo ! Maintenant, tu sais distinguer le vivant et le non-vivant.

Corrigés p. 22
GUIDE PARENTS

3 — Sciences • Le monde du vivant, de la matière, des objets
Le développement des animaux et des végétaux

Pour comprendre

J'arrose ce caillou. On ne sait jamais, il va peut-être pousser !

N'importe quoi ! Un caillou n'est pas vivant !

Savoir

- Les **animaux** et les **végétaux** (les plantes) sont des êtres vivants :
  – ils **naissent, grandissent, vieillissent** et **meurent** ;
  – ils ont **besoin de nourriture et d'eau** ;
  – ils **se reproduisent**.

Savoir faire

Comprendre la reproduction des animaux et des végétaux

- Pour faire des petits, les **animaux** sont de deux sexes opposés, un mâle et une femelle : *Le chat et la chatte font des chatons*. Certains animaux **naissent à partir d'un œuf** comme les oiseaux ou les poissons, d'autres naissent en **sortant du ventre de la femelle**.

- Pour les **plantes**, c'est différent car elles ne se déplacent pas : le plus souvent elles produisent des **graines** qui, à leur tour, deviendront des plantes.

Infos parents

- **Le mode animal fascine les enfants :** n'hésitez pas à enrichir leur vocabulaire sur leurs noms et ceux de leurs petits (taureau/vache/veau).
- **Le développement des plantes** est très complexe selon la famille de la plante : au CP, on se limitera au développement de la graine.

S'entrainer

1 * Numérote les images dans l'ordre selon la croissance de la pomme de terre.

2 ** Écris Vrai ou Faux.

a. Pour grandir, une plante a besoin de vent. ....
b. Pour qu'une plante pousse, il faut de la terre, de l'eau et du soleil. ....
c. Chez les animaux, toutes les femelles pondent un œuf. ....
d. Toutes les plantes et tous les animaux grandissent. ....

3 *** Relie à l'image la phrase. Puis, numérote les phrases dans le bon ordre.

a.  • • La chenille s'est transformée en papillon !
b. • • La chenille s'enferme dans une chrysalide
c. • • De l'œuf de papillon sort une chenille.

EXO JEU Dans ce pot de terre, on a planté une graine de tomate. Continue les dessins pour expliquer sa croissance.

La graine est plantée.    On l'arrose.    Elle grandit.    Elle donne des fruits.

Bravo ! Maintenant, tu connais le développement des animaux et des végétaux.

Corrigés p. 22
GUIDE PARENTS

4 — Sciences • Le monde du vivant, de la matière, des objets

L'eau et l'air

Pour comprendre

Tiens, qu'est-ce que c'est ? Tu fais la météo ?

C'est de l'eau, de l'eau et de l'eau ! Mais sous 3 états différents.

Savoir

- L'eau peut avoir **trois états** :

  L'eau est **liquide**.   L'eau est de la **glace**.   L'eau est de la **vapeur**.

- **L'eau est partout dans la nature**, elle est nécessaire à la vie.
- L'air est un **gaz invisible** omniprésent. Le vent est **de l'air qui se déplace**.

Savoir faire

- **Tu ne vois pas l'air**, mais tu peux le sentir :

  le vent froid   l'air chaud du sèche-cheveux

- **Si tu veux le voir**, emprisonne-le.

  Gonfle un ballon et ferme-le.   Et voilà ! Ton ballon est rempli d'air.

Infos parents

- **L'air est une notion bien abstraite pour les enfants.** Vous lui expliquerez que ce n'est pas parce que l'on ne voit pas quelque chose que cela n'existe pas ; on peut le ressentir. Sortez votre sèche-cheveux et montrez-lui !
- **Pour expliquer les trois états de l'eau**, faites bouillir de l'eau pour obtenir de la vapeur ou faites-en geler pour obtenir de l'eau solide (glace).

S'entrainer

1 * Relie l'expérience à la phrase.

a. • • Pour avoir de l'eau liquide, je fais fondre la glace.

b. • • Pour avoir de la glace, je fais geler l'eau.

c. • • Pour avoir de la vapeur, je fais chauffer l'eau.

2 ** Sous chaque dessin, écris : liquide, glace ou vapeur.

a. glace   b. vapeur   c. glace   d. liquide   e. liquide

3 ** Colorie tous les engins qui utilisent l'air pour fonctionner.

EXO JEU Écris Vrai ou Faux.

a. L'air est invisible. Vrai
b. On peut vivre sans eau. Faux
c. C'est le froid qui transforme l'eau en glace. Vrai
d. L'air n'existe pas. Faux
e. L'eau qui bout devient un glaçon. Faux

Bravo ! Maintenant, tu connais les propriétés de l'eau et de l'air.

Corrigés p. 22

141

5 — Sciences • Le monde du vivant, de la matière, des objets
Les appareils électriques

Pour comprendre

« Zut, plus de piles dans ma console ! »

« Moi au moins je n'ai pas besoin de piles pour dessiner ! »

Savoir

- Les appareils électriques ont besoin d'**énergie** : l'**électricité**.
Elle provient de piles ou d'une prise électrique.
Attention ! L'électricité de la maison est très dangereuse !

Savoir faire

Comprendre un objet technique

- La **lampe de poche** est un **appareil électrique** qui fonctionne avec des **piles**.
La pile fournit de l'**électricité**.
La lampe éclaire.
On éteint ou on allume la lampe avec un **interrupteur**.

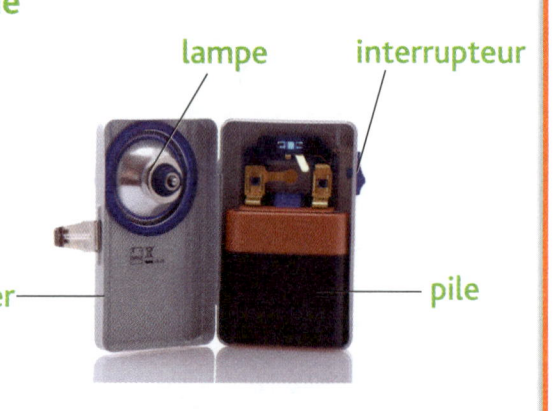

lampe — interrupteur — boitier — pile

Infos parents

- **Les occasions de montrer à votre enfant les utilisations de l'électricité** ne seront pas un problème, vous n'aurez que l'embarras du choix.
Il faudra parallèlement insister sur les dangers qui guettent.
Les enfants ont du mal à imaginer qu'une énergie aussi commune puisse être dangereuse.

S'entrainer

1 * Colorie tous les appareils qui fonctionnent à l'électricité.

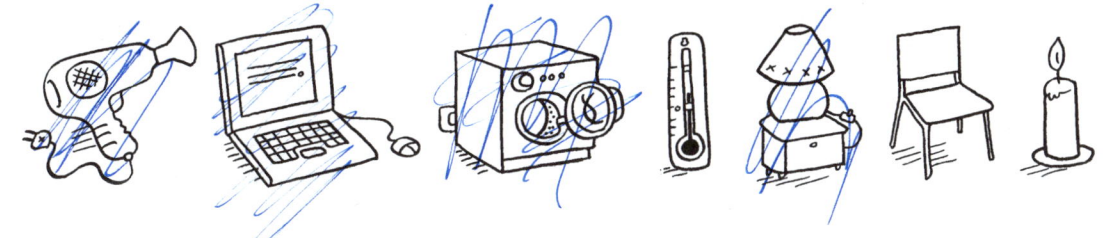

2 * Observe les dessins page 142 et retrouve tous les appareils qui peuvent utiliser des piles. Écris leur numéro.

....

3 ** Écris Vrai ou Faux.

a. L'électricité est dangereuse. ......Vrai......

b. La pile peut fournir de l'électricité. ....

c. Tous les appareils sont électriques. ....

d. L'interrupteur sert à allumer ou éteindre une lampe. ....

4 *** Complète ce schéma avec ces mots :

boitier

lampe

pile

interrupteur

EXO JEU 📝 Dessine un appareil électrique, puis un autre appareil qui n'utilise pas d'électricité.

Bravo ! Maintenant, tu connais l'électricité.

Corrigés p. 22
GUIDE PARENTS

143

1 Anglais
Se présenter, la famille

Pour comprendre

Hello! What's your name?

Hello! I'm Mia.

This is my brother.

Savoir

- **My family** / *Ma famille*

grandmother — mother — sister

grandfather — father — brother

Savoir faire

- **Se présenter, présenter quelqu'un**

Hello!	*Bonjour !*
Goodbye!	*Au revoir !*
What's your name?	*Comment t'appelles-tu ?*
My name is… / I am / I'm…	*Je m'appelle…*
I am / I'm six.	*J'ai 6 ans.*
This is my sister.	*Voici ma sœur.*

Infos parents

- **Se présenter et parler de sa famille font partie des premières activités de langage** abordées en classe de CP.
- **L'objectif est de découvrir et d'acquérir un vocabulaire** relatif à la personne et à la vie quotidienne. En classe, votre enfant apprend à utiliser quelques énoncés mémorisés.

S'entrainer

1 * Rends à chaque enfant sa bulle.

Hello! My name is Tom.

Hello! I am Eva.

2 ** Relie chaque mot à la personne qui convient.

- father
- sister
- mother
- brother

EXO JEU Complète l'arbre généalogique avec les mots suivants : *grandmother, grandfather, mother, father, sister, brother*.

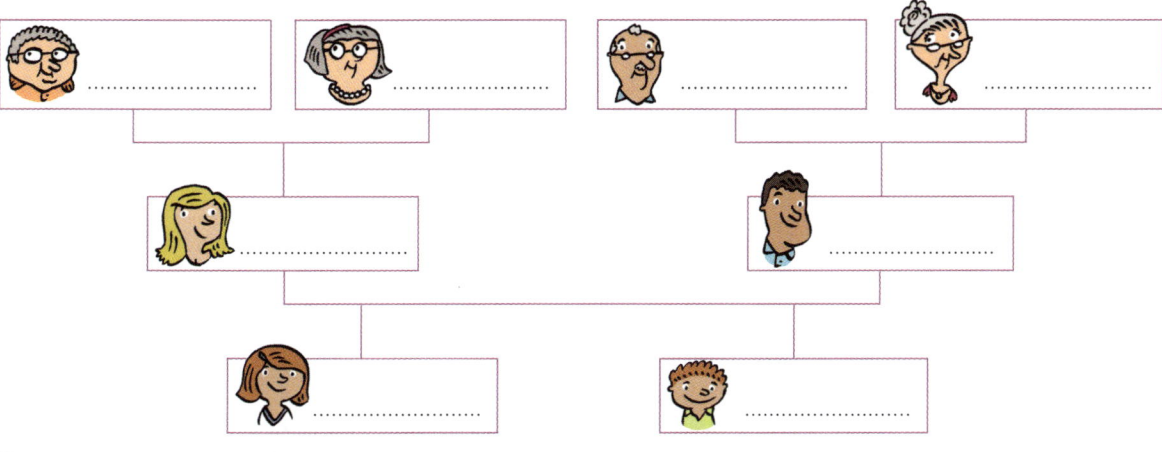

Bravo ! Maintenant, tu sais présenter ta famille.

Corrigés p. 23

2 Anglais
Posséder, les couleurs, les nombres

Pour comprendre

I have two blue T-shirts.

I have a red dress.

Savoir

- **Colours** / *Couleurs*

red
orange
green
black
pink
yellow
blue
white

- **Numbers** / *Nombres*

1 → one
2 → two
3 → three
4 → four
5 → five

Savoir faire

- **Dire ce que l'on possède**

I have a red dress.	*J'ai une robe rouge.*
I've got three blue T-shirts.	*J'ai trois T-shirts bleus.*
You've got two black shoes.	*Tu as deux chaussures noires.*

Infos parents

- **À travers des thèmes comme les nombres, les couleurs** et **la possession**, votre enfant devra comprendre et réutiliser des énoncés simples de la vie quotidienne.
- **Votre enfant apprendra des comptines, des chants**, ce qui lui permettra d'exercer son oreille et de mémoriser plus facilement le vocabulaire.

S'entrainer

1 * Relie les mots aux couleurs correspondantes.

yellow green
blue pink
white black
red orange

2 ** Complète les bulles.

- I have one dress.
- I have two socks.
- I have four socks.
- I have 9 T-shirts.

EXO JEU Colorie selon le code.

1 red 2 black 3 blue 4 green

Bravo ! Maintenant, tu connais les couleurs et les chiffres.

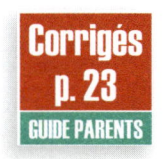

Corrigés p. 23
GUIDE PARENTS

Abécédaire

A a 𝒜 a — ananas	B b ℬ b — balle	C c 𝒞 c — cochon
D d 𝒟 d — domino	E e ℰ e — étoile	F f ℱ f — fée
G g 𝒢 g — gâteau	H h ℋ h — hibou	I i 𝒥 i — iglou
J j 𝒥 j — jouet	K k 𝒦 k — kimono	L l ℒ l — lavabo
	M m ℳ m — moto	

149

Abécédaire

N n 𝒩 n — nid	**O** o 𝒪 o — orange	**P** p 𝒫 p — pomme
Q q 𝒬 q — queue	**R** r ℛ r — râteau	**S** s 𝒮 s — seau
T t 𝒯 t — tortue	**U** u 𝒰 u — uniforme	**V** v 𝒱 v — vache
W w 𝒲 w — wagon	**X** x 𝒳 x — xylophone	**Y** y 𝒴 y — yaourt
	Z z 𝒵 z — zèbre	

151

sons

i
tap**i**s
st**y**lo

u
tort**u**e

o
lavab**o**
j**au**ne
s**eau**

a
ananas

oi
r**oi**

n
nid
ca**nn**e

m
moto
po**mm**e

ou
b**ou**b**ou**

on
mel**on**
p**om**pe

r
roue
ma**rr**on

l
lune
ba**ll**e

p
poule
na**pp**e

b
biberon

d
dauphin

t
tortue
bo**tt**e

é
étoile
f**ée**
coll**ier**
n**ez**
l**es**

è
bal**ai**
n**ei**ge
sorc**iè**re
for**ê**t
m**er**
siffl**et**
N**oë**l

s
singe
poi**ss**on
pi**s**cine
citron
cale**ç**on
di**x**

v
wagon
che**v**al

in
pat**in**
un
p**ain**
p**ein**ture

an
g**an**t
l**am**pe
d**en**t
t**em**pête

z
mai**s**on
zèbre

k
cadeau
é**c**ole
culotte
kimono
queue

g
guitare
escar**g**ot
ba**g**uette
gâteau
fi**g**ure

f
fée
phare

e
fl**eu**r
c**œu**r
ch**e**val

eu
f**eu**
n**œu**d

ch
chapeau

j
jouet
pla**g**e
girafe
oran**ge**ade

gn
pei**gn**e

y
fi**ll**e
sole**i**l
ra**y**on

eil
rév**eil**
ab**eille**

ail
évent**ail**
p**aille**

euil
écur**euil**
f**euille**

ouil
fen**ouil**
gren**ouille**

ia
p**ia**no

io
rad**io**

ier
coll**ier**

ian
sour**ian**t

ion
l**ion**

ien
magic**ien**

153

Nombres

- 1 ➜ un
- 2 ➜ deux
- 3 ➜ trois
- 4 ➜ quatre
- 5 ➜ cinq
- 6 ➜ six
- 7 ➜ sept
- 8 ➜ huit
- 9 ➜ neuf
- 10 ➜ dix
- 11 ➜ onze
- 12 ➜ douze
- 13 ➜ treize
- 14 ➜ quatorze
- 15 ➜ quinze
- 16 ➜ seize
- 17 ➜ dix-sept
- 18 ➜ dix-huit
- 19 ➜ dix-neuf
- 20 ➜ vingt

- 21 ➜ vingt-et-un
- 22 ➜ vingt-deux
- 30 ➜ trente
- 40 ➜ quarante
- 50 ➜ cinquante
- 60 ➜ soixante
- 70 ➜ soixante-dix
- 80 ➜ quatre-vingts
- 90 ➜ quatre-vingt-dix
- 100 ➜ cent

Tables d'addition

1
1 + 1 = 2
1 + 2 = 3
1 + 3 = 4
1 + 4 = 5
1 + 5 = 6
1 + 6 = 7
1 + 7 = 8
1 + 8 = 9
1 + 9 = 10
1 + 10 = 11

2
2 + 1 = 3
2 + 2 = 4
2 + 3 = 5
2 + 4 = 6
2 + 5 = 7
2 + 6 = 8
2 + 7 = 9
2 + 8 = 10
2 + 9 = 11
2 + 10 = 12

3
3 + 1 = 4
3 + 2 = 5
3 + 3 = 6
3 + 4 = 7
3 + 5 = 8
3 + 6 = 9
3 + 7 = 10
3 + 8 = 11
3 + 9 = 12
3 + 10 = 13

4
4 + 1 = 5
4 + 2 = 6
4 + 3 = 7
4 + 4 = 8
4 + 5 = 9
4 + 6 = 10
4 + 7 = 11
4 + 8 = 12
4 + 9 = 13
4 + 10 = 14

5
5 + 1 = 6
5 + 2 = 7
5 + 3 = 8
5 + 4 = 9
5 + 5 = 10
5 + 6 = 11
5 + 7 = 12
5 + 8 = 13
5 + 9 = 14
5 + 10 = 15

6
6 + 1 = 7
6 + 2 = 8
6 + 3 = 9
6 + 4 = 10
6 + 5 = 11
6 + 6 = 12
6 + 7 = 13
6 + 8 = 14
6 + 9 = 15
6 + 10 = 16

7
7 + 1 = 8
7 + 2 = 9
7 + 3 = 10
7 + 4 = 11
7 + 5 = 12
7 + 6 = 13
7 + 7 = 14
7 + 8 = 15
7 + 9 = 16
7 + 10 = 17

8
8 + 1 = 9
8 + 2 = 10
8 + 3 = 11
8 + 4 = 12
8 + 5 = 13
8 + 6 = 14
8 + 7 = 15
8 + 8 = 16
8 + 9 = 17
8 + 10 = 18

9
9 + 1 = 10
9 + 2 = 11
9 + 3 = 12
9 + 4 = 13
9 + 5 = 14
9 + 6 = 15
9 + 7 = 16
9 + 8 = 17
9 + 9 = 18
9 + 10 = 19

10
10 + 1 = 11
10 + 2 = 12
10 + 3 = 13
10 + 4 = 14
10 + 5 = 15
10 + 6 = 16
10 + 7 = 17
10 + 8 = 18
10 + 9 = 19
10 + 10 = 20

Monnaie – Les euros

Les pièces

- 1 € ➜ 1 euro

- 2 € ➜ 2 euros

Les billets

- 5 € ➜ 5 euros

- 10 € ➜ 10 euros

- 20 € ➜ 20 euros

- 50 € ➜ 50 euros

- 100 € ➜ 100 euros

- 200 € ➜ 200 euros

- 500 € ➜ 500 euros

N° éditeur : 10236735 – Linéale – juin 2017

Achevé d'imprimer par Loire Offset Titoulet à Saint-Étienne – France